ACQUARELLI

Raccolta di classici
a cura di Angela Cerinotti

TOMMASO CAMPANELLA

LA CITTÀ DEL SOLE

CONTRO LA TIRANNIDE, I SOFISMI, L'IPOCRISIA

Presentazione e cura
di Davide Sala

DEMETRA

COPERTINA
Giulia Pianigiani, Enrico Valenza

LA CITTÀ DEL SOLE
2ª edizione luglio 2000

Via Strà, 167 - S.S. 11
37030 Colognola ai Colli (VR)
Tel. 045 6174111 - Fax 045 6174100

Tommaso Campanella: la vita e le opere

1568

Il 5 settembre nasce a Stilo, in Calabria, Giandomenico Campanella (cambierà il proprio nome in onore di San Tommaso solo dopo essere entrato in convento). Trascorre la propria infanzia a contatto con la natura, in un ambiente contadino culturalmente ed economicamente molto povero: il padre è un ciabattino analfabeta. La sua prima educazione è per forza di cose autodidatta, ma segna in modo decisivo la personalità del futuro filosofo, che non si fiderà mai della cultura pedante e accademica e preferirà il grande libro della natura ai libri stampati.
Sin dal 1559 (Trattato di Château-Cambrésis) il vicereame di Napoli, del quale la Calabria fa parte, è dominato e sfruttato dalla Spagna e dall'Inquisizione. Una cultura sospettosa e retrograda impedisce qualsiasi fermento culturale e perseguita chi le si oppone.

1583/1588

Nella primavera del 1583, per poter continuare gli studi, entra nell'ordine dei domenicani, nel convento di San Giorgio Morceto. In quest'occasione cambia il proprio nome in Tommaso. Negli anni precedenti aveva studiato da autodidatta e la sua educazione era stata influenzata dalle superstizioni e dal fascino per il magico che contraddistinguevano la cultura popolare della sua regione. In convento, tuttavia, dove viene subito notato per la sua memoria e il suo ingegno, studia Aristotele e i filosofi greci. Nel 1587 è a Nicastro, ove, favorito dall'indisciplina dei conventi domenicani meridionali, può avvicinarsi alle opere di Bernardino Telesio, un filosofo sensista inviso all'Inquisizione. Continuerà questi studi nel 1588 a Cosenza dove potrà leggere le opere dei tomisti, ma anche dei filosofi orientali e di altri autori mal tollerati dalla Chiesa. Continuerà anche lo studio di Aristotele, ma ne sarà sempre più insoddisfatto. Nello stesso 1588 muore il Telesio, dopo una vecchiaia amareggiata dalle persecuzioni dell'Inquisizione, e Campanella gli dedica un'elegia.

1589/1591

A causa della sua venerazione per Telesio, considerato un nemico del cattolicesimo, il Campanella viene accusato di eresia e segregato nel convento di Altomonte. Agli inizi del 1590, tuttavia, lo ritroviamo a Napoli dove può dedicarsi alla sua grande passione: lo studio della magia. Frequenta infatti Gian Battista della Porta, anch'egli appassionato di occultismo. Inoltre scrive e pubblica la *Philosophia sensibus demonstrata*, esponendo molte idee che non piacciono agli inquisitori. A causa di quest'opera e dell'amicizia con il della Porta viene processato per eresia e pratiche magiche e gli viene intimato di tornare in Calabria.

1592/1597

Non potendo sopportare l'idea di ritornare in un luogo così chiuso e provinciale, fugge. Si reca prima a Firenze, da cui è costretto a proseguire verso nord. Costantemente braccato dall'Inquisizione, che a Bologna gli sequestra tutti i manoscritti, approda infine a Padova ove si iscrive all'Università sotto falso nome. Qui studia per un anno e compone altre opere tra le quali il trattato *Della monarchia dei cristiani*, in cui delinea per la prima volta il suo progetto politico. Nel 1594 viene imprigionato e torturato dall'Inquisizione. Tenta di evadere, ma non ci riesce; viene trasferito a Roma ove subisce un processo, ancora una volta per eresia. Nel 1595 viene obbligato ad abiurare le sue dottrine filosofiche e relegato nel convento di Santa Sabina sull'Aventino. Viene in seguito assegnato a un altro convento ma, nuovamente processato per eresia, infrazioni disciplinari e intemperanze verbali nel 1597, viene rispedito in Calabria con l'ordine perentorio di restarci. Finiscono così gli anni dei viaggi e degli studi.

1598/1599

Tornato nella regione natia il Campanella si rende conto di come le calamità naturali, le incursioni dei pirati turchi, la superstizione popolare per l'imminente fine del secolo e il malgoverno degli Spagnoli abbiano esasperato la popolazione. Il clima è adatto per una rivolta così, con alcuni compagni e discepoli, organizza una congiura per rovesciare il dominio dei feudatari e del clero e per instaurare una repubblica comunistica e naturalistica che riporti felicità e abbondanza per tutti.

Nonostante la partecipazione di migliaia di adepti e un'alleanza segreta con i Turchi, il progetto fallisce e lo stesso Campanella, rifugiatosi da un amico, viene tradito e consegnato nelle mani dell'Inquisizione. Riconosciuto colpevole, si finge pazzo. Dal settembre al novembre del 1599 è sottoposto, nel carcere di Napoli, alle più atroci torture. Fra queste la famigerata "veglia" che egli sopporta per ben quaranta ore di seguito. Alla fine l'ha vinta lui: riesce a farsi passare per pazzo e ad ottenere che la pena capitale sia commutata nella pena del carcere a vita.

1600/1625

Rimane rinchiuso nelle celle dei castelli di Napoli. Qui, nonostante gli stenti, la segregazione, i supplizi e la certezza di non poterne uscire vivo, continua a studiare e a scrivere. Riesce a scrivere ben cento opere diffondendo in un certo qual modo la sua dottrina, facendosi numerosi discepoli e ammiratori e comunicando con i potenti di tutto il mondo. Riesce persino a conquistare la simpatia degli Spagnoli, suoi carcerieri, assegnando loro, nei suoi libri, un ruolo importante nella riforma universale da lui auspicata. In carcere compone le sue opere più importanti tra le quali la *Realis Philosophia*, la *Philosophia Rationalis*, la *Città del Sole*, opera utopica che ben riassume le sue concezioni politico-religiose, scritta in italiano nel 1602, la *Metafisica* in diciotto libri e la *Teologia*; con una lettera si complimenta con Galileo e, nel 1616, scrive un'apologia del grande scienziato.

1626/1636

Nel 1626, grazie a numerose iniziative dei suoi discepoli e ammiratori e alla predilezione per la corona di Spagna dimostrata nelle sue opere, il Campanella viene liberato. Subito, però, viene estradato a Roma e quivi imprigionato. La carcerazione diviene ben presto solo formale e il filosofo può lavorare e muoversi con una certa libertà sino al 1636. In questi anni difende generosamente Galileo, discute contro gli atei e continua a sognare la riforma universale. Per portarla a compimento, tuttavia, non pensa più agli Spagnoli, bensì ai Francesi. Anche per questo motivo, nel 1636, viene nuovamente accusato di aver organizzato una rivolta, in realtà capeggiata da un suo discepolo, e viene chiesta la sua estradizione a Napoli. Egli tuttavia riesce a fuggire da Roma sotto mentite spoglie e a rifugiarsi a Parigi.

1636/1639

A Parigi, nel convento di rue St. Honoré, il Campanella, che vive in modeste condizioni ma ammirato da tutti, si impegna nella sua ultima fatica, che rimarrà incompiuta: l'edizione integrale e organica delle sue moltissime opere. Nel 1637 esce il *Discorso sul metodo* del filosofo razionalista Cartesio. Il Campanella si spegnerà il 21 maggio 1639, nonostante i ripetuti tentativi di allontanare la morte per mezzo delle sue pratiche magiche.

La luce di un'idea e le tenebre della realtà

La Città del Sole, scritta in una prima redazione in italiano nel 1602 e pubblicata in versione latina nel 1623 a Francoforte, è un tipico esempio di quel genere letterario, filosofico e politico insieme, che la tradizione riconduce all'*utopia*, un *luogo negato* nella realtà, ma vivo e totalizzante nella mente di chi lo concepisce. L'autore, infatti, descrive nell'opera un'immaginaria repubblica ideale, retta secondo un rigoroso comunismo monastico, governata da sapienti, spartana nei costumi e con un'estensione del comunismo anche allo stile della vita familiare. I Solari non si sono ancora convertiti al cristianesimo ma, vivendo secondo natura, ne seguono di fatto lo spirito autentico. Naturalmente, quando tutto il mondo sarà riunito sotto un'unica legge, l'umanità intera vivrà secondo questo modello. Per il Campanella gli stati e i governi hanno solo una funzione utilitaristica; chi davvero ha una finalità propria è il potere spirituale. È dunque necessario che il mondo sia unificato politicamente non per permettere a qualcuno di prevaricare sugli altri, ma per far sì che la vera religione si possa diffondere ovunque. Ciò permetterà una profonda riforma morale che porterà tutti gli uomini a vivere cristianamente. Poiché la natura è come un grande organismo vivente, fornito di un suo spirito, strumento diretto dell'azione di Dio, gli uomini, che ne fanno parte, non devono che rispettare le leggi di natura per seguire la legge divina. Prima, tuttavia, è necessario che cessino tutte le rivalità derivanti dalla proprietà privata, dall'eresia e dal materialismo. Per questo il Campanella auspica che una grande monarchia unifichi il mondo.

La differenza fra quest'opera e le altre dello stesso genere sta nel fatto che fra' Tommaso Campanella tentò effettivamente di realizzare il suo sogno.

Tra Riforma e Controriforma

Gli anni in cui il Campanella elabora e tenta di realizzare il proprio progetto politico-religioso sono segnati dal tentativo della Chiesa romana di opporre alla Riforma protestante la Controriforma cattolica. Sono anni difficili, caratterizzati da grandi cambiamenti e aspettative per il futuro. In Calabria, terra d'origine del Campanella, domina l'oscurantismo dell'Inquisizione che adotta la cultura del sospetto e del terrore per frenare l'avanzata dei movimenti protestanti ed ereticali. Fra il popolo, tuttavia, si diffondono numerose voci e superstizioni che individuano nella fine del secolo la fine di un'epoca buia e piena di miseria.

Il progetto di riforma campanelliano riassume in sé le istanze innovatrici della Riforma (spazzare via la corruzione e le ingiustizie) e quelle conservatrici della Controriforma (opporsi alle eresie) inserendosi perfettamente nel suo tempo e trovando l'atmosfera adatta a un tentativo di realizzazione nell'esasperata terra di Calabria. Qui il filosofo, nel febbraio 1599, predica l'avvento di un nuovo ordine mondiale e getta le basi per una rivolta antispagnola, anticlericale e antifeudale che porti alla fondazione di una Repubblica simile a quella di cui, tre anni dopo, *La Città del Sole* fornirà l'immagine. Esperto di magia e di astrologia, decide di mettere in atto la congiura proprio quell'anno: lo scadere del secolo, infatti, preannuncia negli astri grandi cambiamenti a livello mondiale. La rivolta, tuttavia, fallisce e il Campanella stesso, tradito, viene catturato dagli Spagnoli. Nonostante ciò la sua fede in un cambiamento degli assetti mondiali che porti a una radicale riforma politica e morale non viene meno. *La Città del Sole* ne è la prova: il suo autore ci credette tanto da rischiare e sacrificare la propria vita.

"Folle" d'amore per un ideale

Il 1602, anno della prima stesura di *La Città del Sole*, è anche l'anno in cui Tommaso Campanella viene definitivamente condannato dal Tribunale dell'Inquisizione al carcere perpetuo. Per il filosofo questa sentenza, lungi dall'essere una sconfitta, è la "felice" conclusione di una travagliata vicenda giudiziaria, che durava dal 1599. Allora infatti, fallita la rivolta antispagnola orchestrata in Calabria, veniva imprigionato, torturato, riconosciuto colpevole e condannato a morte. Per scampare a questa pena il filosofo si era finto pazzo, sopportando stoicamente le più orribili torture inflittegli per costringerlo a confessarsi sano di mente. Alla fine gli Inquisitori dovettero accontentarsi di imprigionarlo a vita (anche se poi la reclusione durò "solo" ventisette anni).

Questa vicenda, di fondamentale importanza per la vita del filosofo calabrese, ricorda quelle di due suoi famosi contemporanei: Galileo Galilei e Giordano Bruno, anch'essi inquisiti e condannati dalla Chiesa. Galileo aveva abiurato per paura di una condanna capitale, salvo poi pronunciare la fatidica frase «eppur si muove», mentre Bruno aveva preferito farsi bruciare sul rogo piuttosto che rinunciare alle proprie idee. Al Campanella non fu neppure offerta la scappatoia dell'abiura, in quanto aveva accompagnato le idee con l'azione. Si potrebbe pensare che la finta pazzia equivalga in un certo qual modo a una rinuncia all'ideale. È tuttavia necessario prendere in considerazione un particolare significativo, prima di giudicare in questo modo la decisione del Campanella. Dopo la cattura nel 1599 era stato sottoposto a tortura in due occasioni diverse. La prima per fargli confessare di essere stato a capo della congiura, la seconda per via della finta pazzia. I tormenti che sopportò la seconda volta furono pari, se non maggiori, a quelli della prima. Eppure, la prima volta, aveva confessato quasi subito la propria colpevolezza. Alla luce di questi particolari si può ipotizzare che la scelta del filosofo non abbia costituito un cedimento di fronte alla paura della morte. Se sopportò «tormenti inusitati e li più spaventosi del mondo» la seconda volta, avrebbe potuto sopportarli anche la prima. Negare di essere stato a capo della congiura, tuttavia, sarebbe stato ben diverso dal fingersi pazzo: nel primo caso avrebbe automaticamente rinunciato alle proprie idee, negando di averle messe in atto; simulando la follia, invece, poté continuare a coltivare quella che riteneva la propria missione senza essere definitivamente messo a tacere.

In questo senso egli si apparenta, in un secolo di tenebre, a uomini "di luce" come Galileo e Giordano Bruno: come il primo ebbe salva la vita e poté continuare la sua opera e, come il secondo, non rinunciò a difendere fino all'ultimo le proprie idee. Tutto ciò, tuttavia, dovette pagarlo con indicibili sofferenze, che solo la convinzione di essere nato con una precisa missione («Io nacqui a debellar tre mali estremi: tirannide, sofismi, ipocrisia») poté dargli la forza di sopportare.

Alla versione originale di La Città del Sole *del 1602 è affiancata una riscrittura in italiano corrente, onde facilitare la comprensione di una lingua ormai lontana dalle nostre consuete modalità di comunicazione. Le parentesi quadre della versione moderna introducono varianti presenti nella versione latina del 1623.*

Appendice della politica detta La Città del Sole di fra' Tommaso Campanella

Dialogo poetico

Interlocutori:
Ospitalario
Genovese nochiero del Colombo

OSPITALARIO Dimmi, di grazia, tutto quello che t'avvenne in questa navigazione.

GENOVESE Già t'ho detto come girai il mondo tutto e poi come arrivai alla Taprobana, e fui forzato metter in terra, e poi, fuggendo la furia di terrazzani, mi rinselvai, ed uscii in un gran piano proprio sotto l'equinoziale.

OSPITALARIO Qui che t'occorse?

GENOVESE Subito incontrai un gran squadrone d'uomini e donne armate, e molti di loro intendevano la lingua mia, li quali mi condussero alla Città del Sole.

OSPITALARIO Di', come è fatta questa città? e come si governa?

GENOVESE Sorge nell'ampia campagna un colle, sopra il quale sta la maggior parte della città; ma arrivano i suoi giri molto spazio fuor delle radici del monte, il quale è tanto, che la città fa due miglia di diametro e piú, e viene ad essere sette miglia di circolo; ma, per la levatura, piú abitazioni ha, che si fosse in piano.

È la città distinta in sette gironi grandissimi, nominati dalli sette pianeti, e s'entra dall'uno all'altro per quattro strade e per quattro porte, alli quattro angoli del mondo spettanti; ma sta in modo che, se fosse espugnato il primo girone, bisogna

Appendice della politica detta *La Città del Sole* di Fra Tommaso Campanella

Dialogo poetico

Interlocutori:

un Cavaliere dell'Ordine degli Ospitalieri di San Giovanni in Gerusalemme;

un Genovese suo ospite, ammiraglio al servizio di Colombo, il grande navigatore.

Cavaliere Dimmi, per cortesia, tutto quello che ti capitò durante questa navigazione.

Genovese Ti ho già detto di come girai il mondo intero e di
1 come, arrivato all'isola di Taprobana, fui costretto a scendere a terra. Qui dovetti fuggire verso l'interno a causa dell'ostilità dei popoli indigeni e, uscito da una foresta, mi ritrovai in una grande pianura, proprio sulla linea dell'Equatore.

Cavaliere E lì che cosa ti capitò?

Genovese Incontrai immediatamente uno squadrone di uomini e di donne, anch'esse armate. Molti di loro capivano la mia lingua, così mi condussero alla Città del Sole.

Cavaliere Dimmi, come è fatta questa città e come viene governata?

Genovese La maggior parte della città è edificata su un colle che sorge in una vasta pianura. Le mura, tuttavia, si estendono molto al di là delle pendici del colle, il quale è così grande che il diametro della città è lungo più di due miglia e la circonferenza più di sette. Siccome questa città è costruita sul pendio, poi, vi sono più edifici di quanti potrebbero essercene se fosse tutta in pianura.

La città è divisa in sette grandissime cerchia di mura, ognuna delle quali porta il nome di uno dei sette pianeti. Questi

piú travaglio al secondo e poi piú; talché sette fiate bisogna espugnarla per vincerla. Ma io son di parere, che neanche il primo si può, tanto è grosso e terrapieno, ed ha valguardi, torrioni, artelleria e fossati di fuora.

Entrando dunque per la porta Tramontana, di ferro coperta, fatta che s'alza e cala con bello ingegno, si vede un piano di cinquanta passi tra la muraglia prima e l'altra. Appresso stanno palazzi tutti uniti per giro col muro, che puoi dir che tutti siano uno; e di sopra han li rivellini sopra a colonne, come chiostri di frati, e di sotto non vi è introito, se non dalla parte concava delli palazzi. Poi son le stanze belle con le fenestre al convesso ed al concavo, e son distinte con piccole mura tra loro. Solo il muro convesso è grosso otto palmi, il concavo tre, li mezzani uno o poco piú.

Appresso poi s'arriva al secondo piano, ch'è dui passi o tre manco, e si vedono le seconde mura con li rivellini in fuora e passeggiatori; e dalla parte dentro, l'altro muro, che serra i palazzi in mezzo, ha il chiostro con le colonne di sotto, e di sopra belle pitture.

E cosí s'arriva fin al supremo e sempre per piani. Solo quando s'entran le porte, che son doppie per le mura interiori ed esteriori, si ascende per gradi tali, che non si conosce, perché vanno obliquamente, e son d'altura quasi invisibile distinte le scale.

Nella sommità del monte vi è un gran piano ed un gran tempio in mezzo, di stupendo artifizio.

gironi sono collegati l'uno con l'altro da quattro strade che portano alle quattro porte della città, che si aprono verso i punti cardinali. È costruita in modo che se fosse espugnata la prima cerchia di mura sarebbe più difficile espugnare la seconda e così via, cosicché sarebbe necessario espugnarla sette volte per conquistarla.

A mio parere, tuttavia, non è possibile superare neppure il primo cerchio di mura tanto queste sono massicce, rinforzate da argini pieni di terra e difese da baluardi, torrioni, artiglieria e fossati al loro esterno.

Se si entra dalla porta che si apre a settentrione, la porta Tramontana, che è coperta di ferro e si alza e si abbassa facilmente [lungo le guide di robusti stipiti], grazie ad un ingegnoso meccanismo, tra i primi due gironi si scorge un pianoro di cinquanta passi. Addossati al primo girone sorgono dei palazzi che, uniti tra loro, ne seguono ininterrottamente il perimetro. Sopra ai palazzi si ergono delle fortificazioni suppletive, i rivellini, sostenuti da colonne [o meglio da robusti e nello stesso tempo eleganti sottoportici, che formano delle specie di chiostri, simili a quelli dei monasteri]. Alla base dei palazzi, invece, non c'è ingresso se non da quella parte che si affaccia verso l'interno. Vi si aprono ampi locali divisi da pareti più sottili, con finestre che si affacciano da entrambe le parti delle mura perimetrali. Le pareti che si affacciano all'esterno sono larghe otto palmi, quelle che guardano all'interno ne misurano tre, mentre i muri divisori uno o poco più.

Si sale quindi al secondo piano, che è di due o tre passi, e dalle finestre del quale si vede il secondo cerchio di mura con i fortini rivolti all'esterno e i camminamenti. Nella parte interna vi è un altro muro che sta in mezzo ai palazzi e che forma un cortile, circondato da colonne che sorreggono muri finemente affrescati. Salendo [attraverso ambienti simili e mura doppie, che racchiudono palazzi dai lunghi camminamenti esterni e fitti colonnati,] si arriva alla cima della città, sempre per piani. Solo passando dalle quattro porte, che sono doppie poiché attraversano sia le mura interne sia quelle esterne, si può passare da una cerchia di mura all'altra. Si sale in maniera tale che non ci si accorge di farlo poiché le scale salgono obliquamente e hanno una pendenza quasi impercettibile.

Alla sommità del monte si apre una piazza, con al centro un grande tempio di stupenda fattura.

Ospitalario Di', di' mo, per vita tua.

Genovese Il tempio è tondo perfettamente, e non ha muraglia che lo circondi; ma sta situato sopra colonne grosse e belle assai. La cupola grande ha in mezzo una cupoletta con uno spiraglio, che pende sopra l'altare, ch'è un solo e sta nel mezzo del tempio. Girano le colonne trecento passi e piú, e fuor delle colonne della cupola vi son per otto passi li chiostri con mura poco elevate sopra le sedie, che stan d'intorno al concavo dell'esterior muro, benché in tutte le colonne interiori, che senza muro fraposto tengono il tempio insieme, non manchino sedili portatili assai.
Sopra l'altare non vi è altro ch'un mappamondo assai grande, dove tutto il cielo è dipinto, ed un altro dove è la terra. Poi sul cielo della cupola vi stanno tutte le stelle maggiori del cielo, notate coi nomi loro e virtú, c'hanno sopra le cose terrene, con tre versi per una; ci son i poli e i circoli signati non del tutto, perché manca il muro a basso, ma si vedono finiti in corrispondenza alli globbi dell'altare. Vi sono sempre accese sette lampade nominate dalli sette pianeti.
Sopra il tempio vi stanno alcune celle nella cupoletta attorno, e molte altre grandi sopra li chiostri, e qui abitano li religiosi, che son da quaranta.
Vi è sopra la cupola una banderola per mostrare i venti, e ne signano trentasei; e sanno quando spira ogni vento che stagione porta. E qui sta anco un libro in lettere d'oro di cose importantissime.

Ospitalario Per tua fé, dimmi tutto il modo del governo, ché qui t'aspettavo.

Genovese È un Principe Sacerdote tra loro, che s'appella Sole, e in lingua nostra si dice Metafisico: questo è capo di tutti in spirituale e temporale, e tutti li negozi in lui si terminano.
Ha tre Principi collaterali: Pon, Sin, Mor, che vuol dir Potestà, Sapienza e Amore.

CAVALIERE Parlamene, te ne prego.

GENOVESE Il tempio è perfettamente circolare, non ha mura, ma solo grandi e belle colonne che sorreggono una cupola. Edificata con arte mirabile, proprio al centro di questa si può osservare una cupoletta che ha uno spiraglio al di sopra dell'unico altare posto al centro del tempio stesso. Il percorso lungo il quale sono disposte le colonne supera i trecento passi; al suo esterno, sino a circa otto passi dalle colonne, nella parte interna del muro esterno, si aprono cortiletti delimitati da mura basse. Qui sono a disposizione delle sedie, nonostante ve ne siano in abbondanza anche all'interno del colonnato.
Sopra l'altare non ci sono che un grande mappamondo su cui sono rappresentate le costellazioni e un secondo sul quale è rappresentata la Terra. Nel cielo dipinto sulla cupola brillano le stelle più importanti del firmamento, ognuna con a fianco tre versi che ne definiscono il nome e gli influssi che ciascuna ha sulle cose terrene. Sono rappresentati anche i poli e i circoli, che sono incompleti a causa della mancanza della parte inferiore della sfera, ma che si possono vedere nei globi dell'altare. [Il pavimento risplende di pietre preziose]. Sette lampade, sempre accese, prendono i nomi dei sette pianeti.
Sopra al tempio, nella cupola più piccola, vi sono delle cellette simili ma più piccole di altre poste sopra i cortili. In queste camere abitano i religiosi che sono quasi una cinquantina.
Sopra la cupola una banderuola indica la direzione del vento. Gli abitanti della città ne conoscono ben trentasei e sono in grado di capire quale tempo si avvicina a seconda del vento che spira in un dato momento. Vicino alla banderuola vi è anche un libro coi caratteri stampati in oro che parla di cose molto importanti.

CAVALIERE Per piacere, parlami dell'organizzazione politica della città, poiché quella mi interessa di più.

GENOVESE Il massimo potere è nelle mani di un principe sacerdote che gli abitanti della città chiamano "Sole". Nella nostra lingua lo possiamo chiamare Metafisico: a lui fanno capo il potere politico e quello religioso e, dopo il suo giudizio, deve cessare ogni controversia. Egli viene assistito, nel governo della città, da tre sommi capi chiamati Pon, Sin e Mor, che nella nostra lingua significano Potenza, Sapienza e Amore.

Il Potestà ha cura delle guerre e delle paci e dell'arte militare; è supremo nella guerra, ma non sopra Sole; ha cura dell'offiziali, guerrieri, soldati, munizioni, fortificazioni ed espugnazioni.

Il Sapienza ha cura di tutte le scienze e delli dottori e magistrati dell'arti liberali e meccaniche, e tiene sotto di sé tanti offiziali quante son le scienze: ci è l'Astrologo, il Cosmografo, il Geometra, il Loico, il Rettorico, il Grammatico, il Medico, il Fisico, il Politico, il Morale; e tiene un libro solo, dove stan tutte le scienze, che fa leggere a tutto il popolo ad usanza di Pitagorici. E questo ha fatto pingere in tutte le muraglie, su li rivellini, dentro e di fuori, tutte le scienze.

Nelle mura del tempio esteriori e nelle cortine, che si calano quando si predica per non perdersi la voce, vi sta ogni stella ordinatamente con tre versi per una.

Nel dentro del primo girone tutte le figure matematiche, piú che non scrisse Euclide ed Archimede, con la lor proposizione significante. Nel di fuore vi è la carta della terra tutta, e poi le tavole d'ogni provinzia con li riti e costumi e leggi loro, e con l'alfabeti ordinari sopra il loro alfabeto.

Nel dentro del secondo girone vi son tutte le pietre preziose e non preziose, e minerali, e metalli veri e pinti, con le dichiarazioni di due versi per uno.

Nel di fuore vi son tutte sorti di laghi, mari e fiumi, vini ed ogli ed altri liquori, e loro virtú ed origini e qualità; e ci son le caraffe piene di diversi liquori di cento e trecento anni, con li quali sanano tutte l'infirmità quasi.

Nel dentro del terzo vi sono tutte le sorti di erbe ed arbori del mondo pinte, e pur in teste di terra sopra il rivellino e le dichiarazioni dove prima si ritrovaro, e le virtú loro, e le simiglianze c'hanno con le stelle e con li metalli e con le membra umane, e l'uso loro in medicina.

"Potenza" si occupa di tutto ciò che riguarda la guerra, la pace e l'arte militare. Questo capo non è sottoposto a nessuno per ciò che riguarda le cose militari, se non al "Sole". Egli si occupa degli ufficiali così come dei diversi reparti militari, presiede all'esercito e si occupa della sorveglianza della città, delle munizioni e delle fortificazioni.

"Sapienza" si occupa della direzione delle arti liberali, dei
mestieri e di tutte le scienze ed esercita la sua autorità sopra
tutti i rappresentanti delle varie scienze: l'Astrologo, il Co-
smografo, il Geometra, il Logico, il Retore, il Grammatico,
il Medico, il Fisico, il Politico, il Morale e cioè gli ufficiali
che presiedono alle rispettive discipline. Per tutti vi è un
unico libro che contiene ogni sapere e che "Sapienza" mette
2 a disposizione di tutto il popolo come facevano i pitagorici.
Il sapere contenuto nel libro, infatti, è stato fatto dipingere
da "Sapienza" su tutte le mura esterne e interne, superiori e
inferiori della città.

Sulle mura esterne del tempio e sulle tende che vengono
calate quando si predica, per evitare che la voce si disperda,
sono disegnate in bell'ordine le stelle, ognuna con tre versi.
All'interno della prima cerchia di mura sono disegnate più
figure geometriche di quante ne abbiano tracciate Euclide e
3 Archimede, ognuna con la corrispondente espressione mate-
matica. All'esterno c'è la carta geografica dell'intera Terra,
con segnate le suddivisioni in stati e regioni e con la descri-
zione dei rispettivi costumi, delle leggi e delle religioni. Vi
sono disegnati tutti gli alfabeti del mondo messi a confronto
con quello degli abitanti della Città del Sole.

All'interno della seconda cerchia di mura vi sono pietre preziose, minerali e metalli di ogni tipo, dipinti o incastonati nel muro, con a fianco due versi di descrizione per ognuno. All'esterno sono dipinti mari, laghi e fiumi nonché vini ed essenze di tutti i tipi con indicate l'origine e le caratteristiche che li contraddistinguono. Vi sono dei vasi in cui sono conservati infusi vecchi di cento o trecento anni, con i quali gli abitanti di quella città curano praticamente tutte le malattie.

All'interno della terza cerchia sono dipinte tutte le piante e i vegetali del mondo. Al di sopra del fortino, in vasi di terracotta, ci sono molte piante vere con l'indicazione di dove sono state raccolte, delle loro proprietà e delle loro affinità con determinati metalli, astri o parti del corpo umano, nonché del loro uso officinale.

Nel di fuora tutte maniere di pesci di fiumi, laghi e mari, e le virtú loro, e 'l modo di vivere, di generarsi e allevarsi, e a che serveno; e le simiglianze c'hanno con le cose celesti e terrestri e dell'arte e della natura; sí che mi stupii, quando trovai pesce vescovo e catena e chiodo e stella, appunto come son queste cose tra noi. Ci sono ancini, rizzi, spondoli e tutto quanto è degno di sapere con mirabil arte di pittura e di scrittura che dichiara.
Nel quarto, dentro vi son tutte sorti di augelli pinti e lor qualità, grandezze e costumi, e la fenice è verissima appresso loro. Nel di fuora stanno tutte sorti di animali rettili, serpi, draghi, vermini, e l'insetti, mosche, tafani ecc., con le loro condizioni, veneni e virtuti; e son piú che non pensamo.
Nel quinto, dentro vi son l'animali perfetti terrestri di tante sorti che è stupore. Non sappiamo noi la millesima parte, e però, sendo grandi di corpo, l'han pinti ancora nel fuore rivellino; e quante maniere di cavalli solamente, o belle figure dichiarate dottamente!
Nel sesto, dentro vi sono tutte l'arti meccaniche, e l'inventori loro, e li diversi modi, come s'usano in diverse regioni del mondo. Nel di fuori vi son tutti l'inventori delle leggi e delle scienze e dell'armi. Trovai Moisè, Osiri, Giove, Mercurio, Macometto ed altri assai; e in luoco assai onorato era Gesù Cristo e li dodici Apostoli, che ne tengono gran conto, Cesare, Alessandro, Pirro e tutti li Romani; onde io ammirato come sapeano quelle istorie, mi mostraro che essi teneano di tutte nazioni lingua, e che mandavano apposta per il mondo ambasciatori, e s'informavano del bene e del male di tutti; e godeno assai in questo. Viddi che nella China le bombarde e le stampe furo prima ch'a noi.

All'esterno sono dipinte tutte le varietà di pesci dei laghi, dei mari e dei fiumi, con indicazioni sulle loro caratteristiche, sul modo di vivere e di moltiplicarsi e su come utilizzarli. Anche in questo caso è descritta la loro somiglianza con gli altri elementi terrestri, con quelli celesti e con le opere dell'uomo e della natura. Mi stupii, per esempio, nel trovare fra questi dipinti quelli di un pesce vescovo, di un pesce catena, di un pesce chiodo e di un pesce stella che assomigliavano in tutto e per tutto a quello da cui prendono il nome. Inoltre ci sono spondili, diversi tipi di ricci di mare e tutto ciò che vale la pena conoscere, dipinti con grande maestria e con a lato spiegazioni approfondite.

All'interno della quarta cerchia sono dipinti tutti i tipi di uccelli con indicate le loro caratteristiche, dimensioni ed
4 abitudini; fra questi la fenice è reale come gli altri. All'esterno sono dipinti tutti i rettili, dai serpenti ai draghi, sino ai più piccoli vermicelli nonché tutti gli insetti: mosche, tafani, e così via con specificate le loro caratteristiche, i loro pregi e i loro veleni. Questi animali sono più numerosi di quanto pensiamo.

All'interno della quinta cerchia di mura sono dipinti gli animali terrestri propriamente detti, e sono così tanti e vari che è stupefacente osservarli. Noi non conosciamo che la millesima parte di questi animali. Siccome essi hanno corpi di grandi dimensioni sono dipinti anche sul fortino esterno. Come sono numerose le diverse razze dei soli cavalli e che begli animali dipinti con maestria!

Nella sesta cerchia sono dipinti tutti i mestieri e i loro esponenti più illustri, e le diverse modalità con cui questi vengono svolti in diverse regioni del mondo. All'esterno sono raffigurati tutti i più famosi legislatori, guerrieri e sapienti. Vidi
5 Mosè, Osiride, Giove, Mercurio, Maometto e molti altri. In una posizione privilegiata sono raffigurati Gesù ed i dodici Apostoli, che gli abitanti di quella città tengono in gran con-
6 to. Vidi anche Cesare, Alessandro, Pirro e tutti i più famosi Romani e, stupito dalla conoscenza che i Solari hanno dei più diversi eventi storici, domandai come ciò fosse possibile. Mi fu detto che essi conoscono tutte le lingue e che mandano appositamente ambasciatori in tutto il mondo per essere sempre informati di tutto quello che, nel bene e nel male, accade nelle altre nazioni. Vidi, per esempio, che in Cina i cannoni e la stampa erano stati inventati prima che da noi.

Ci son poi li mastri di queste cose; e li figliuoli, senza fastidio, giocando, si trovano saper tutte le scienze istoricamente prima che abbin dieci anni.
Il Amore ha cura della generazione, con unir li maschi e le femine in modo che faccin buona razza; e si riden di noi che attendemo alla razza de cani e cavalli, e trascuramo la nostra. Tien cura dell'educazione, delle medicine, spezierie, del seminare e raccogliere li frutti, delle biade, delle mense e d'ogni altra cosa pertinente al vitto e vestito e coito, ed ha molti maestri e maestre dedicate a queste arti.
Il Metafisico tratta tutti questi negozi con loro, ché senza lui nulla si fa, ed ogni cosa la communicano essi quattro, e dove il Metafisico inchina, son d'accordo.

OSPITALARIO Or dimmi degli offizi e dell'educazione e del modo come si vive; si è republica o monarchia o stato di pochi.

GENOVESE Questa è una gente ch'arrivò là dall'Indie, ed erano molti filosofi, che fuggiro la rovina di Mogori e d'altri predoni e tiranni; onde si risolsero di vivere alla filosofica in commune, si ben la communità delle donne non si usa tra le genti della provinzia loro; ma essi l'usano, ed è questo il modo. Tutte cose son communi; ma stan in man di offiziali le dispense, onde non solo il vitto, ma le scienze e onori e spassi son communi, ma in maniera che non si può appropriare cosa alcuna.
Dicono essi che tutta la proprietà nasce da far casa appartata, e figli e moglie propria, onde nasce l'amor proprio; ché, per sublimar a ricchezze o a dignità il figlio o lasciarlo erede, ognuno diventa o rapace publico, se non ha timore, sendo potente; o avaro ed insidioso ed ippocrita, si è impotente. Ma quando perdono l'amor proprio, resta il commune solo.

Vi sono numerosi esperti in queste materie che educano i fanciulli. Questi ultimi, giocando liberamente e senza costrizione, si trovano a conoscere la storia del mondo prima ancora di avere dieci anni.
"Amore" si occupa in primo luogo di ciò che riguarda la procreazione. Il suo compito consiste nel determinare quali individui, accoppiandosi, possano produrre figli sani e robusti: i Solari si fanno beffe di noi che ci affatichiamo per migliorare le razze dei cani e dei cavalli, ma non facciamo nulla per quella degli uomini. "Amore" si cura anche dell'educazione dei fanciulli, della produzione di medicinali, della semina e raccolta dei frutti e del foraggio, dell'agricoltura, della pastorizia e della distribuzione del cibo. Si occupa, cioè, di tutto ciò che concerne l'alimentazione, il vestiario e la procreazione dei cittadini. Ai suoi ordini vi sono molti uomini e donne competenti che si dedicano a queste attività.
I tre sommi capi discutono delle materie di loro spettanza con il Metafisico senza il quale non si fa nulla. Essi comunicano ogni loro decisione al Metafisico e generalmente la mettono in atto dopo aver avuto la sua approvazione.

CAVALIERE Ma dimmi, amico, i magistrati, gli ufficiali, le cariche, l'educazione, tutto il modo di vivere è proprio di una vera repubblica, di una monarchia oppure di un'aristocrazia?

GENOVESE Queste genti giunsero in questo luogo dalle Indie per scampare alla furia dei Tartari e di altri predoni e tiranni, per cui, tutti d'accordo, decisero di cominciare una vita filosofica, condividendo ogni cosa. Per rispettare il principio dell'assoluta comunità dei beni misero in comune perfino le donne, anche se questa non è un'usanza del loro paese natio. Ogni cosa è in comune, nelle mani di ufficiali che ne stabiliscono la distribuzione: non solo il vitto, ma anche il sapere, le onoranze e gli svaghi sono in comune in modo che nessuno può possedere qualcosa. Essi affermano che il concetto di proprietà nasce dal possedere una casa, dal prendere una moglie e dall'avere dei figli. Da ciò si origina l'amor proprio che fa desiderare a ciascuno di arricchirsi e di accumulare beni per gli eredi. Così, se potente e temuto, defrauda la cosa pubblica mentre, se debole e povero di nascita, diviene avaro, intrigante e ipocrita. Tutto ciò, però, si può risolvere: una volta eliminato l'amor proprio rimane soltanto l'amore per la comunità.

Ospitalario Dunque nullo vorrà fatigare, mentre aspetta che l'altro fatighi, come Aristotile dice contra Platone.

Genovese Io non so disputare, ma ti dico c'hanno tanto amore alla patria loro, che è una cosa stupenda, piú che si dice delli Romani, quanto son piú spropriati. E credo che li preti e monaci nostri, se non avessero li parenti e li amici, o l'ambizione di crescere piú a dignità, seriano piú spropriati e santi e caritativi con tutti.

Ospitalario Dunque là non ci è amicizia, poiché non si fan piacere l'un l'altro.

Genovese Anzi grandissima: perché è bello a vedere, che tra loro non ponno donarsi cosa alcuna, perché tutto hanno del commune; e molto guardano gli offiziali, che nullo abbia piú che merita. Però quanto è bisogno tutti l'hanno. E l'amico si conosce tra loro nelle guerre, nell'infirmità, nelle scienze, dove s'aiutano e s'insegnano l'un l'altro. E tutti li gioveni s'appellan frati e quei che son quindici anni piú di loro, padri, e quindici meno figli. E poi vi stanno l'offiziali a tutte cose attenti, che nullo possa all'altro far torto nella fratellanza.

Ospitalario E come?

Genovese Di quante virtú noi abbiamo, essi hanno l'offiziale: ci è un che si chiama Liberalità, un Magnanimità, un Castità, un Fortezza, un Giustizia criminale e civile, un Solerzia, un Verità, Beneficenza, Gratitudine, Misericordia, ecc.; e a ciascuno di questi si elegge quello, che da fanciullo nelle scole si conosce inchinato a tal virtú. E però, non sendo tra loro latrocini, né assassinii, né stupri ed incesti, adultèri, delli quali noi ci accusamo, essi si accusano d'ingratitudine, di malignità, quando uno non vuol far piacere onesto, di bugia, che abborriscono piú che la peste; e questi rei per pena son privati della mensa commune, o del commerzio delle donne, e d'alcuni onori, finché pare al giudice, per ammendarli.

Ospitalario Or dimmi, come fan gli offiziali?

Genovese Questo non si può dire, se non sai la vita loro. Prima è da sapere che gli uomini e le donne vestono d'un modo atto a guerregiare, benché le donne hanno la sopraveste fin sotto al ginocchio, e l'uomini sopra.

Cavaliere Allora nessuno vorrà lavorare e aspetterà che
7 lavorino gli altri, come dice Aristotele contro Platone.

Genovese Non sono abile nelle dispute filosofiche, ma posso dirti che essi amano la loro patria in modo stupefacente, più di quanto si dice l'amassero i Romani, e lo fanno disinteressatamente. Io penso che i nostri monaci e preti, se non avessero parenti o amici né l'ambizione di diventare famosi e rispettati, sarebbero allo stesso modo più disinteressati e caritatevoli con tutti.

Cavaliere Dunque nella Città del Sole non c'è amicizia, le persone non si fanno piaceri le une con le altre.

Genovese Tutto il contrario: c'è grandissima amicizia ed è bello vedere che non possono farsi doni perché hanno tutto in comune. Gli ufficiali controllano con cura che tutto sia distribuito equamente e non manca mai niente a nessuno. Gli amici si riconoscono in guerra o nella malattia, oppure negli studi, quando si aiutano o si erudiscono a vicenda. Tutti i giovani chiamano i loro coetanei fratelli e padri quelli che sono di quindici anni più vecchi di loro. In più ci sono gli ufficiali che impediscono che qualcuno possa fare un torto agli altri e permettono a tutti di vivere in fratellanza.

Cavaliere E come?

Genovese Per ognuna delle virtù che conosciamo c'è un ufficiale: ce n'è uno che si chiama "Liberalità", uno "Magnanimità", uno "Castità", uno "Forza", uno "Giustizia penale e civile", uno "Solerzia", uno "Verità", uno "Beneficenza", uno "Gratitudine", uno "Misericordia", e così via. Gli ufficiali vengono scelti fra quei fanciulli che nelle scuole si mostrano particolarmente inclini a seguire una delle succitate virtù. Siccome tra loro non esistono né furti, né omicidi, né stupri, incesti o adulteri come da noi, i cittadini della Città del Sole vengono al più accusati di ingratitudine e malvagità se si rifiutano di fare un giusto piacere agli altri, oppure d'essere bugiardi, cosa che aborriscono più della peste. Chi si macchia di tali reati viene temporaneamente allontanato dalla mensa comune, oppure dalle donne, o viene privato di alcuni privilegi sino a che il giudice non decide di amnistiarlo.

Cavaliere Ma dimmi, come si comportano gli ufficiali?

Genovese Non riuscirei a spiegartelo se prima non ti descrivessi come vivono i Solari. Per prima cosa devi sapere che sia gli uomini sia le donne vestono in un modo adatto al

E s'allevan tutti in tutte l'arti. Dopo li tre anni li fanciulli imparano la lingua e l'alfabeto nelle mura, caminando in quattro schiere; e quattro vecchi li guidano ed insegnano, e poi li fan giocare e correre, per rinforzarli, e sempre scalzi e scapigli, fin alli sette anni, e li conducono nell'officine dell'arti, cositori, pittori, orefici, ecc.; e mirano l'inclinazione. Dopo li sette anni vanno alle lezioni delle scienze naturali, tutti; ché son quattro lettori della medesima lezione, e in quattro ore tutte quattro squadre si spediscono; perché, mentre gli altri si esercitano il corpo, o fan li publici servizi, gli altri stanno alla lezione. Poi tutti si mettono alle matematiche, medicine ed altre scienze, e ci è continua disputa tra di loro e concorrenza; e quelli poi diventano offiziali di quella scienza, dove miglior profitto fanno, o di quell'arte meccanica, perché ognuna ha il suo capo. Ed in campagna, nei lavori e nella pastura delle bestie pur vanno ad imparare; e quello è tenuto di piú gran nobiltà, che piú arti impara, e meglio le fa. Onde si ridono di noi che gli artefici appellamo ignobili, e diciamo nobili quelli, che null'arte imparano e stanno oziosi e tengono in ozio e lascivia tanti servitori con roina della republica.
Gli offiziali poi s'eleggono da quelli quattro capi, e dalli mastri di quell'arte, li quali molto bene sanno chi è piú atto a quell'arte o virtú, in cui ha da reggere, e si propongono in Consiglio, e ognuno oppone quel che sa di loro. Però non può essere Sole se non quello che sa tutte l'istorie delle genti e riti e sacrifizi e republiche ed inventori di leggi ed arti. Poi bisogna che sappia tutte l'arti meccaniche, perché ogni due giorni se n'impara una, ma l'uso qui le fa saper tutte, e la pittura. E tutte le scienze ha da sapere, matematiche, fisiche, astrologiche. Delle lingue non si cura, perché ha l'interpreti, che son i grammatici loro.

combattimento, anche se la veste degli uomini arriva sopra le ginocchia mentre quella delle donne le copre.
A tutti, sin da fanciulli, vengono insegnate tutte le materie. Dopo i tre anni d'età i fanciulli imparano la lingua camminando vicino alle mura, in fila per quattro. Quattro vecchi li guidano e fanno loro da maestri, facendoli anche giocare e correre, per farli crescere robusti. I fanciulli sono sempre scalzi e a capo scoperto sino all'età di sette anni. I vecchi li conducono nei laboratori dei sarti, dei pittori, degli orefici e così via e osservano a quali mestieri sono più inclini. Dopo i sette anni tutti i ragazzini vengono mandati a lezione di scienze naturali. Ci sono quattro docenti di questa materia in modo che in quattro ore essi possono fare lezione a tutte e quattro le squadre. E mentre alcuni fanno lezione di una determinata materia, gli altri fanno esercizi fisici o si dedicano ad attività utili per la collettività. Poi si dedicano alla matematica, alla medicina e ad altre scienze, discutendo spesso e facendosi concorrenza gli uni con gli altri. Ognuno, infatti, nella vita, si occuperà di quel ramo di sapere o di quella professione in cui ha dimostrato di essere migliore. Ogni scienza o professione, infatti, ha un suo capo. I ragazzini vanno anche in campagna ad apprendere come allevare il bestiame e coltivare le messi. Le persone più stimate sono quelle che imparano più mestieri e meglio. Per questo motivo i Solari ridono di noi che chiamiamo "ignobili" gli artigiani e "nobili" quelli che non sanno fare nulla e stanno oziosi facendo poltrire persino i propri servitori e arrecando danno alla cosa pubblica. Gli ufficiali vengono scelti dai quattro dotti, oppure dal maestro di quel mestiere che dovranno amministrare, cioè dalle persone più adatte a riconoscere chi svolgerà un determinato compito, morale o materiale, nel modo migliore. La loro elezione deve essere approvata dal consiglio, davanti al quale ogni membro deve esporre tutto ciò che sa sui candidati. Quelli che si candidano per diventare "Sole" devono conoscere la storia di tutti i popoli, i loro governi, le religioni, i profeti, i filosofi, e gli scienziati. È necessario che apprendano tutti i mestieri che qui, nonostante se ne impari uno nuovo ogni due giorni, vengono insegnati attraverso la pratica. Devono anche sapere dipingere e conoscere le discipline scientifiche come la matematica, la fisica e l'astrologia. Al "Sole" non è richiesta la conoscenza delle lingue, in quanto i grammatici della città gli fanno da interpreti.

Ma piú di tutti bisogna che sia Metafisico e Teologo, che sappia ben la radice e prova d'ogni arte e scienza, e le similitudini e differenze delle cose, la Necessità, il Fato e l'Armonia del mondo, la Possanza, Sapienza ed Amor divino e d'ogni cosa, e li gradi degli enti e corrispondenze loro con le cose celesti, terrestri e marine, e studia molto bene nei Profeti ed astrologia. Dunque si sa chi ha da esser Sole, e se non passa trentacinque anni, non arriva a tal grado; e questo offizio è perpetuo, mentre non si trova chi sappia piú di lui e sia piú atto al governo.

OSPITALARIO E chi può saper tanto? Anzi non può saper governare chi attende alle scienze.

GENOVESE Io dissi a loro questo, e mi risposero: «Piú certi semo noi, che un tanto letterato sa governare, che voi che sublimate l'ignoranti, pensando che siano atti perché son nati signori, o eletti da fazione potente. Ma il nostro Sole sia pur tristo in governo, non sarà mai crudele, né scelerato, né tiranno un chi tanto sa. Ma sappiate che questo è argomento che può tra voi dove pensate che sia dotto chi sa piú grammatica e logica d'Aristotile o di questo o quello autore; al che ci vol sol memoria servile, onde l'uomo si fa inerte, perché non contempla le cose ma li libri, e s'avvilisce l'anima in quelle cose morte; né sa come Dio regga le cose, e gli usi della natura e delle nazioni. Il che non può avvenire al nostro Sole, perché non può arrivare a tante scienze chi non è scaltro d'ingegno ad ogni cosa, onde è sempre attissimo al governo. Noi pur sappiamo che chi sa una scienza sola, non sa quella né l'altre bene; e che colui che è atto ad una sola, studiata in libro, è inerte e grosso. Ma non cosí avviene alli pronti d'ingegno e facili ad ogni conoscenza, come è bisogno che sia il Sole. E nella città nostra s'imparano le scienze con facilità tale, come vedi, che piú in un anno qui si sa, che in diece o quindici tra voi, e mira in questi fanciulli».

La cosa più importante, tuttavia, è che egli abbia conoscenze approfondite di metafisica e teologia, in modo da sapere l'origine e le argomentazioni delle arti e delle scienze nonché le somiglianze e le differenze tra le cose. Deve conoscere la Necessità, il Fato e l'Armonia del Mondo, la Potenza, la Sapienza, l'Amore divino e d'ogni cosa, i gradi degli enti e i loro rapporti con le cose celesti, terrestri e marine. Deve avere studiato approfonditamente le opere dei Profeti e quelle di astrologia. Questi sono i criteri che si usano per eleggere il "Sole" che, oltre a tutto, deve avere più di trentacinque anni. Il "Sole" rimane in carica sino a che non si trova qualcuno più adatto per l'incarico e per governare la città.

CAVALIERE E chi può avere tutta quella sapienza? E poi, chi si occupa di scienze non può essere anche un buon governante.

GENOVESE Anch'io feci questa obiezione e mi risposero: «È più facile che abbiamo ragione noi quando affidiamo il governo a un sapiente di quanto la possiate avere voi che sublimate gli ignoranti, pensando che siano adatti a governare perché nati nobili o eletti da fazioni potenti. Per di più il nostro "Sole", essendo così sapiente, anche se fosse poco abile nel governare, non potrebbe mai essere né crudele, né scellerato, né tiranno. Comunque sappi che il tuo ragionamento può reggere in mezzo a voi, che pensate sia dotto colui che conosce al meglio la grammatica o la logica di Aristotele, o di qeusto o quell'altro autore. Per questo tipo di sapere è necessaria solo la servile memoria, per cui l'uomo diviene passivo, inizia a contemplare i libri piuttosto che la realtà e la sua anima si avvilisce a causa di quelle cose morte; così non conosce le leggi della natura e delle nazioni né capisce come Dio regoli il mondo. Il nostro "Sole" non rischia di essere così perché per conoscere tante cose deve per forza essere anche intelligente e scaltro: quindi egli è abilissimo anche nel governare. Come sappiamo chi si specializza in una sola disciplina scientifica non padroneggia bene né quella né le altre. Chi si forma in una sola disciplina, studiandola sui libri, diviene inattivo e goffo. Questo non succede a chi è intelligente e veloce nell'apprendere, come deve essere chi diviene "Sole". Inoltre, come puoi vedere, nella nostra città le scienze si imparano con una tale facilità che si apprende più in un anno qui che in cinque da voi: guarda questi bambini». Al che io rimasi stupito dalla validità del suo ragionamento e dalla prova costituita da quei fanciulli che comprendeva-

Nel che io restai confuso per le ragioni sue e la prova di quelli fanciulli, che intendevano la mia lingua; perché d'ogni lingua sempre han d'esser tre che la sappiano. E tra loro non ci è ozio nullo, se non quello che li fa dotti; ché però vanno in campagna a correre, a tirar dardo, sparar archibugi, seguitar fiere, lavorare, conoscer l'erbe, mo una schiera, mo un'altra di loro.

Li tre offiziali primi non bisogna che sappiano se non quell'arti che all'offizio loro partengono. Onde sanno l'arti communi a tutti, istoricamente imparandole, e poi le proprie, dove piú si dà uno che un altro: cosí il Potestà saperà l'arte cavalieresca, fabricar ogni sorte d'armi, cose di guerra, machine, arte militare, ecc. Ma tutti questi offiziali han d'essere filosofi, di piú, ed istorici, naturalisti ed umanisti.

OSPITALARIO Vorrei che dicessi l'offizi tutti, e li distinguessi; e s'è bisogno l'educazion commune.

GENOVESE Sono prima le stanze communi, dormitori, letti e bisogni; ma ogni sei mesi si distinguono dalli mastri, chi ha da dormire in questo girone o in quell'altro, e nella stanza prima o seconda, notate per alfabeto.

Poi son l'arti communi agli uomini e donne, le speculative e meccaniche; con questa distinzione, che quelle dove ci va fatica grande e viaggio, le fan gli uomini, come arare, seminare, cogliere i frutti, pascer le pecore, operar nell'aia, nella vendemmia. Ma nel formar il cascio e mungere si soleno le donne mandare, e nell'orti vicini alla città per erbe e servizi facili. Universalmente, le arti che si fanno sedendo e stando, per lo piú son delle donne, come tessere, cuscire, tagliar i capelli e le barbe, la speziaria, fare tutte sorti di vestimenti; altro che l'arte del ferraro e delle armi. Pur chi è atta a pingere, non se le vieta. La musica è solo delle donne, perché piú dilettano, e de' fanciulli, ma non di trombe e tamburi. Fanno anche le vivande; apparecchiano le mense; ma il servire a tavola è proprio delli gioveni maschi e femine, finché son di vint'anni.

Hanno in ogni girone le publiche cucine e le dispense della robba. E ad ogni officio soprastante è un vecchio ed una vecchia, che comandano ed han potestà di battere o far battere da altri li negligenti e disobedienti, e notano ognuno ed ognuna in che esercizio meglio riesce. Tutta la gioventú serve alli vecchi che passano quarant'anni; ma il mastro o maestra han cura la sera, quando vanno a dormire, e la mattina

no la mia lingua. Infatti per ogni lingua che si conosca devono esserci tra loro almeno tre persone che la parlino. Non conoscono l'ozio, se non quello che erudisce e, di volta in volta, i diversi gruppi di fanciulli vanno in campagna a correre, tirare con l'arco, sparare con gli archibugi, inseguire gli animali, lavorare e conoscere il mondo vegetale.

I tre sommi capi devono conoscere solamente le discipline attinenti al loro compito, per cui imparano quello che imparano tutti e poi si specializzano. Così "Potenza" saprà fabbricare ogni arma, conoscerà l'arte cavalleresca, le macchine militari, le cose di guerra e così via. Tutti e tre, tuttavia, devono anche essere filosofi, storici, naturalisti e umanisti.

CAVALIERE Vorrei che mi descrivessi tutti i mestieri e impieghi e, se c'è bisogno, i modi di comportarsi della gente.

GENOVESE Per prima cosa tutte le stanze, i dormitori, i letti e i servizi sono in comune. Ogni sei mesi alcuni ufficiali decidono chi deve dormire in questo o in quell'altro quartiere e in questa o quell'altra stanza, divise per ordine alfabetico.
I mestieri e le discipline scientifiche sono praticati sia dagli uomini sia dalle donne, con la differenza che gli uomini fanno i lavori più faticosi e che richiedono di allontanarsi dalla città come arare, seminare, raccogliere le messi, pascolare le pecore, lavorare nell'aia e vendemmiare. Le donne, invece, sono impiegate per lavorare i formaggi o mungere le mucche e vengono mandate negli orti vicini alla città per raccogliere ortaggi o per altri compiti poco impegnativi. In generale quei lavori che si fanno stando seduti o comunque fermi sono retaggio femminile: tessere, cucire, tagliare capelli e barbe, fare la farmacista, confezionare ogni tipo di vestito, e così via, esclusi i mestieri del fabbro e dell'armaiolo. A quelle che ne sono capaci non si vieta di dipingere. La musica, tranne quella che si suona con trombe e tamburi, è praticata esclusivamente dalle donne e dai fanciulli poiché sono più abili nel dilettare. Le donne, in più, cucinano e si occupano delle mense anche se il servizio ai tavoli è affidato a ragazzi e ragazze che non abbiano ancora compiuto i vent'anni.
Ogni girone è dotato di cucine e dispense. Ogni lavoratore viene controllato da un anziano o un'anziana che prende nota del suo comportamento e dell'attività in cui riesce meglio. Questi anziani possono far picchiare quelli che si dimostrano negligenti o disobbedienti. Tutti i giovani sono al servizio degli anziani aventi più di quarant'anni; i maestri e le

di mandar alli servizi di quelli a chi tocca, uno o due ad ogni stanza, ed essi gioveni si servono tra loro, e chi ricusa, guai a lui! Vi son prime e seconde mense: d'una parte mangiano le donne, dall'altra gli uomini, e stanno come in refettori di frati. Si fa senza strepito, ed un sempre legge a tavola, cantando, e spesso l'offiziale parla sopra qualche passo della lezione. È una dolce cosa vedersi servire di tanta bella gioventú, in abito succinto, cosí a tempo, e vedersi a canto tanti amici, frati, figli e madri vivere con tanto rispetto ed amore.
Si dona a ciascuno, secondo il suo esercizio, piatto di pitanza e menestra, frutti, cascio; e li medici hanno cura di dire alli cochi in quel giorno, qual sorte di vivanda conviene, e quale alli vecchi e quale alli gioveni e quale all'ammalati. Gli offiziali hanno miglior parte; questi mandano spesso della loro a tavola a chi piú si ha fatto onore la mattina nelle lezioni e dispute di scienze ed armi, e questo si stima per grande onore e favore. E nelle feste fanno cantar una musica pur in tavola; e perché tutti metteno mano alli servizi, mai non si trova che manchi cosa alcuna. Son vecchi savi soprastanti a chi cucina ed alli refettori, e stimano assai la nettezza nelle strade, nelle stanze e nelli vasi e nelle vestimenta e nella persona.
Vesteno dentro camisa bianca di lino, poi un vestito, ch'è giubbone e calza insieme, senza pieghe e spaccato per mezzo, dal lato e di sotto, e poi imbottonato. Ed arriva la calza sin al tallone, a cui si pone un pedale grande come un bolzacchino, e la scarpa sopra. E son ben attillate, che quando si spogliano la sopraveste, si scerneno tutte le fattezze della persona. Si mutano le vesti quattro volte varie, quando il Sole entra in Cancro e Capricorno, Ariete e Libra. E, secondo la complessione e procerità, sta al Medico di distribuirle col Vestiario di ciascun girone. Ed è cosa mirabile che in un punto hanno quante vesti vogliono, grosse, sottili, secondo il tempo. Veston tutti di bianco, ed ogni mese si lavan le vesti col sapone, o bucato quelle di tela.

maestre invece curano che vadano a dormire la sera e, quando è il loro turno, che svolgano i loro incarichi la mattina. Sono previsti uno o due addetti per stanza e guai a chi si rifiuta di svolgere il proprio compito! Vi sono due tipi di mense: una per gli uomini e una per le donne, ove si mangia come nei refettori dei monasteri. Lo si fa senza fare rumore e vi è sempre qualcuno che legge cantando; spesso c'è un ufficiale che spiega qualche passo della lezione. È piacevole vedersi servire da tanti bei giovani in abiti succinti, con celerità, e vedersi accanto tanti fratelli, figli e madri che vivono con tanto rispetto e amore.

Ad ognuno, a seconda della sua attività, viene dato un piatto di pietanza, minestra, frutta o formaggio. I medici hanno cura di dire ai cuochi che tipo di vivanda è adatta a quel giorno, quale va bene per gli anziani, quale per i giovani e quale per gli ammalati. Gli ufficiali hanno i piatti migliori e spesso mandano dai loro tavoli parte del loro cibo a chi più si è fatto onore quella mattina durante le lezioni e nelle dispute del sapere o delle armi: questo viene ritenuto un grande onore e privilegio. Durante le feste si suona e si canta anche a tavola e siccome ognuno dà una mano non manca mai niente. Chi cucina è controllato da vecchi saggi che sono anche i supervisori dei refettori e che si accertano della pulizia delle strade, delle stanze, delle stoviglie, dei vestiti e delle persone.

Si vestono di una camicia bianca di lino sopra alla quale mettono un vestito che è allo stesso tempo una giubba e una calzamaglia, senza pieghe, aperto verticalmente in mezzo e abbottonato. La calzamaglia arriva sino al tallone; ai piedi portano stivali e calze lunghe sino a metà gamba. Queste vesti sono attillate, cosicché quando si tolgono la sopraveste si vedono tutte le fattezze del corpo. Hanno quattro tipi di vestiti, che cambiano rispettivamente quando il Sole entra nella costellazione del Cancro, del Capricorno, dell'Ariete e
8 della Bilancia. Il Medico affida la distribuzione delle vesti in ogni girone a seconda dell'altezza e della complessione fisica di ognuno. È una cosa mirabile vedere come in un attimo abbiano a disposizione le vesti che vogliono, pesanti o leggere a seconda del clima. Vestono tutti di bianco e ogni mese lavano le vesti con il sapone facendo il bucato, se sono di tela.

Tutte le stanze a pianterreno sono officine, cucine, granai, guardaroba, dispense, refettori o lavatoi. Essi, tuttavia, si lavano nelle vasche che ci sono nei cortili. L'acqua viene poi

Tutte le stanze sottane sono officine, cucine, granari, guardarobbe, dispense, refettori, lavatori; ma si lavano nelle pile delli chiostri. L'acqua si getta per le latrine o per canali, che vanno a quelle. Hanno in tutte le piazze delli gironi le lor fontane, che tirano l'acque dal fondo solo con muover un legno, onde esse spicciano per li canali. Vi è acqua sorgente, e molta nelle conserve, a cui vanno le piogge per li canali delle case, passando per arenosi acquedotti. Si lavano le persone loro spesso, secondo il maestro e 'l medico ordina. L'arti si fanno tutte nei chiostri di sotto, e le speculative di sopra, dove sono le pitture, e nel tempio si leggono.

Negli atri di fuora son orologi di sole e di squille per tutti i gironi, e banderole per saper i venti.

Ospitalario Or dimmi della generazione.

Genovese Nulla femina si sottopone al maschio, se non arriva a dicinov'anni, né il maschio si mette alla generazione inanti alli vintiuno, e piú si è di complessione bianco. Nel tempo inanti è ad alcuno lecito il coito con le donne sterili o pregne, per non far in vaso indebito; e le maestre matrone con li seniori della generazione han cura di provederli, secondo a loro è detto in secreto da quelli piú molestati da Venere. Li provedono, ma non lo fanno senza far parola al maestro maggiore, che è un gran medico, e sottostà ad Amore, Prencipe offiziale. Se si trovano in sodomia, son vituperati, e li fan portare due giorni legata al collo una scarpa, significando che pervertiro l'ordine e posero li piedi in testa, e la seconda volta crescen la pena finché diventa capitale. Ma chi si astiene fin a ventun anno d'ogni coito è celebrato con alcuni onori e canzoni.

Perché quando si esercitano alla lotta, come i Greci antichi, son nudi tutti, maschi e femine, li mastri conoscono chi è impotente o no al coito, e quali membra con quali si confanno. E cosí, sendo ben lavati, si donano al coito ogni tre sere; e non accoppiano se non le femine grandi e belle alli grandi e virtuosi, e le grasse a' macri, e le macre alli grassi, per far temperie. La sera vanno i fanciulli e conciano i letti, e poi vanno a dormire, secondo ordina il mastro e la maestra. Né si pongono al coito, se non quando hanno digerito, e prima fanno orazione, ed hanno belle statue di uomini illustri, dove le donne mirano. Poi escono alla fenestra, e pregono Dio del Cielo, che li doni prole buona. E dormeno in due celle, sparti fin a quell'ora che si han da congiungere, ed allora va la

gettata, direttamente o per mezzo di canali, nelle latrine. In tutte le piazze dei gironi vi sono delle fontane che pompano l'acqua dal fondo con il solo movimento di un manico di legno, per poi versarla nei canali. L'acqua è sorgiva oppure piovana, conservata in serbatoi collegati alle grondaie delle case per mezzo di canali e tubi nei quali c'è della sabbia che fa da filtro. Si lavano di frequente, come da ordine del medico e del maestro. I lavori materiali si svolgono tutti nei cortili a pianterreno mentre più su, dove sono le pitture, ci si dedica ad attività speculative. Nel tempio si legge. Negli atri esterni, in ogni girone, vi sono meridiane, orologi a suoneria e banderuole che indicano i venti.

CAVALIERE Parlami ora della procreazione.

GENOVESE Nessuna donna si accoppia con un uomo se non ha raggiunto i diciannove anni d'età. Nessun uomo procrea se non ha almeno ventuno anni e deve averne di più se è gracile. Prima di quell'età, ad alcuni, è permesso avere rapporti sessuali con donne sterili o incinte, per evitare che vi siano attività sessuali innaturali. Le maestre matrone e i signori della procreazione si occupano in segreto di quelli ai quali Venere ha fornito istinti sessuali esagerati. Se ne occupano in segreto, ma non senza farne parola al maestro maggiore che è un grande medico agli ordini diretti di "Amore". Quelli che vengono scoperti a praticare la sodomia vengono scherniti e, se è la prima volta, li si costringe a portare per due giorni una scarpa legata al collo, per indicare che hanno invertito l'ordine delle cose, come se avessero i piedi al posto della testa. Se vengono sorpresi altre volte, la pena cresce sino a diventare capitale. Chi si astiene dai rapporti sessuali sino all'età di ventun anni, invece, è celebrato con onorificenze e canzoni.

Poiché quando si esercitano alla lotta sono tutti, maschi e femmine, nudi come gli antichi Greci, i maestri conoscono quali di loro sono o non sono adatti alla procreazione e quali corpi sono più adatti a congiungersi. Così, dopo essersi ben lavati, si dedicano alla procreazione ogni tre sere. Le donne belle e grandi si accoppiano a uomini forti e virtuosi, mentre quelle grasse a uomini magri e quelle magre a uomini grassi, in modo che ci sia equilibrio. Di sera i fanciulli preparano i letti, poi vanno a dormire, obbedendo al maestro o alla maestra. Non si dedicano alla procreazione se non dopo aver ben digerito e dopo aver pregato. Hanno delle belle statue di

maestra, ed apre l'uscio dell'una e l'altra cella. Questa ora è determinata dall'Astrologo e Medico; e si forzan sempre di pigliar tempo, che Mercurio e Venere siano orientali dal Sole in casa benigna e che sian mirati da Giove di buono aspetto e da Saturno e Marte [. E] cosí il Sole come la Luna, che spesso sono afete. E per lo piú vogliono Vergine in ascendente; ma assai si guardano che Saturno e Marte non stiano in angolo, perché tutti quattro angoli con opposizioni e quadrati infettano, e da essi angoli è la radice della virtú vitale e della sorte, dependente dall'armonia del tutto con le parti. Non si curano di satellizio, ma solo degli aspetti buoni. Ma il satellizio solo nella fondazione della città e della legge ricercano, che però non abbia prencipe Marte o Saturno, se non con buone disposizioni. Ed han per peccato li generatori non trovarsi mondi tre giorni avanti di coito e d'azioni prave, e di non esser devoti al Creatore. Gli altri, che per delizia o per servire alla necessità si donano al coito con sterili o pregne o con donne di poco valore, non osservan queste sottigliezze. E gli offiziali, che son tutti sacerdoti, e li sapienti non si fanno generatori, se non osservano molti giorni piú condizioni; perché essi, per la molta speculazione, han debole lo spirito animale, e non trasfondeno il valor della testa, perché pensano sempre a qualche cosa; onde trista razza fanno. Talché si guarda bene, e si donano questi a donne vive, gagliarde e belle; e gli uomini fantastichi e capricciosi a donne grasse, temperate, di costumi blandi. E dicono che la purità della complessione, onde le virtú fruttano, non si può acquistare con arte, e che difficilmente senza disposizion naturale può la virtú morale allignare, e che gli uomini di mala natura per timor della legge fanno bene, e, quella cessante, struggon la republica con manifesti o segreti modi. Però tutto lo studio principale deve essere nella generazione, e mirar li meriti naturali, e non la dote e la fallace nobiltà.

uomini illustri che le donne contemplano. Poi si affacciano alla finestra e pregano il Dio del Cielo di donare loro una buona prole, quindi vanno a dormire, in due celle separate, sino a una determinata ora in cui i maestri li svegliano per l'accoppiamento. Questa ora è determinata dall'Astrologo e dal Medico. Cercano sempre di scegliere il momento in cui Mercurio e Venere sorgono all'orizzonte prima del Sole, assumendo rispetto a questo una posizione che risulti favorevole, mentre Giove, Saturno e Marte si trovano, rispetto ad essi, entro la fascia zodiacale, in una posizione di significato altrettanto favorevole. Anche il Sole e la Luna, che spesso sono i pianeti che determinano il destino, devono trovarsi nella stessa condizione. Inoltre si curano di osservare che la
9 costellazione della Vergine sia nel primo fuso e si preoccupano in particolar modo che Saturno e Marte non siano nei fusi corrispondenti ai quattro punti cardinali (il primo, il quarto, il settimo e il decimo), perché il loro influsso sarebbe negativo; in questi angoli c'è l'origine della virtù vitale e della sorte, che dipendono dall'armonia del tutto con le sue parti. Non si curano degli influssi astrologici dei satelliti dei pianeti principali, ma solo degli influssi positivi. Osservano gli influssi dei satelliti solo per la fondazione di una città o per la stesura di una legge e anche in queste occasioni non tengono presente l'influsso dei satelliti di Marte o Saturno, a meno che questo non sia benigno. Ritengono poi che quelli che si devono accoppiare commettano peccato se non sono devoti di Dio o se si sono trovati a commettere azioni malvagie o ad avere rapporti sessuali nei tre giorni che precedono l'accoppiamento. Quelli che invece, per piacere o necessità, si accoppiano con donne sterili, incinte o di poco valore non osservano tutte queste regole. Gli ufficiali, che sono tutti anche sacerdoti, e i sapienti, invece, non procreano se non dopo avere osservato ulteriori regole per un periodo più lungo. Difatti essi, per il molto pensare, hanno lo spirito animale indebolito e non trasmettono il valore dei loro cervelli perché troppo impegnati nelle attività speculative. Per questi motivi non sono particolarmente adatti alla procreazione, quindi si fanno accoppiare con donne forti e ben fatte mentre gli uomini emotivi e capricciosi saranno abbinati a donne grasse e tranquille. A loro parere la purezza della persona, che favorisce le virtù, non è cosa che si acquisisca con la pratica e necessita di una disposizione naturale che permetta si

Se alcune di queste donne non concipeno con uno, le mettono con altri; se poi si trova sterile, si può accomunare, ma non ha l'onor delle matrone in Consiglio della generazione e nella mensa e nel tempio; e questo lo fanno perché essa non procuri la sterilità per lussuriare. Quelle che hanno conceputo, per quindici giorni non si esercitano; poi fanno leggeri esercizi per rinforzar la prole, ed aprir li meati del nutrimento a quella. Partorito che hanno, esse stesse allevano i figli in luoghi communi, per due anni lattando e piú, secondo pare al Fisico. Dopo si smamma la prole, e si dona in guardia delle maestre, se son femine, o delli maestri. E con gli altri fanciulli qui si esercitano all'alfabeto, a caminare, correre, lottare ed alle figure istoriate; ed han vesti di color vario e bello. Alli sette anni si donano alle scienze naturali, e poi all'altre, secondo pare agli offiziali, e poi si mettono in meccanica. Ma li figli di poco valore si mandano alle ville e, quando riescono, poi si riducono alla città. Ma per lo piú, sendo generati nella medesima costellazione, li contemporanei son di virtú consimili e di fattezze e di costumi. E questa è concordia stabile nella republica, e s'amano grandemente ed aiutano l'un l'altro.
Li nomi loro non si mettono a caso, ma dal Metafisico, secondo la proprietà, come usavan li Romani: onde altri si chiamano il Bello, altri il Nasuto, altri il Peduto, altri Bieco, altri Crasso, ecc.; ma quando poi diventano valenti nell'arte loro o fanno qualche prova in guerra, s'aggiunge il cognome dall'arte, come Pittor Magno, Aureo, Eccellente, Gagliardo, dicendo: Crasso Aureo, ecc.; o pur dall'atto dicendo: Crasso Forte, Astuto, Vincitore, Magno, Massimo, ecc., e dal nemico vinto, come Africano, Asiano, Tosco, ecc.; Manfredi, Tortelio dall'aver superato Manfredi o Tortelio o simili altri.

sviluppino le virtù morali. Quelli che non sono dotati di una buona natura osservano le leggi solo per timore di venire puniti e, appena possono, distruggono la cosa pubblica apertamente o in segreto. Per questo tutti gli sforzi devono concentrarsi sulla selezione dei nascituri e sull'osservazione delle doti naturali e non bisogna farsi ingannare dalla ricchezza e dalla nobiltà.

Se una delle donne di cui ho parlato non rimane incinta accoppiandosi con un uomo la si fa giacere con un altro. Se poi si rivela sterile, viene trattata come tale. Ella tuttavia non avrà l'onore delle matrone in consiglio, alla mensa o nel tempio. Se così fosse, infatti, ci sarebbe il rischio che qualcuna si procuri di proposito la sterilità per potere godere dei piaceri della carne. Le donne che sono rimaste incinte si riposano per quindici giorni, dopo di che cominciano a fare esercizi leggeri per rinforzare i nascituri e per aprire le vie dalle quali li nutriranno. Dopo avere partorito allevano esse stesse i bambini, tenendoli tutti nello stesso luogo e allattandoli per due anni e più, a seconda del parere del Fisico. Dopo questo periodo i bambini vengono svezzati e posti sotto la custodia delle maestre, se sono femmine, e dei maestri, se sono maschi. In questo periodo imparano l'alfabeto, a camminare, a correre, a lottare e apprendono dalle pitture murali insieme agli altri; i loro vestiti sono graziosi e variopinti. All'età di sette anni si dedicano alle scienze naturali e ad altre discipline scientifiche, secondo il parere degli ufficiali, e più tardi ai lavori materiali. I figli gracili, invece, vengono mandati in campagna: ritorneranno in città quando saranno diventati sani e forti. Tuttavia, essendo tutti generati sotto il medesimo influsso astrale, quelli nati nello stesso periodo hanno virtù, caratteristiche e inclinazioni simili. A causa di ciò vi è sempre concordia nella società e tutti si amano e si aiutano tra di loro.

I nomi non vengono dati a caso ma sono scelti dal Metafisico a seconda delle caratteristiche di ognuno, come era d'uso presso i Romani: così uno si chiamerà il Bello, un altro il Nasuto, un altro il Peduto, un altro lo Storto, un altro il Grasso e così via. Quando poi diventano abili in un determinato mestiere o si mostrano valorosi in guerra viene loro dato un cognome come Gran Pittore, Aureo, Eccellente, Coraggioso e li si chiama, per esempio, Grasso Aureo. A volte li si nomina, per via di un'azione che hanno compiuto, Grasso

E questi cognomi s'aggiungono dall'offiziali grandi, e si donano con una corona conveniente all'atto o arte sua, con applauso e musica. E si vanno a perdere per questi applausi, perché oro ed argento non si stima, se non come materia di vasi o di guarnimenti communi a tutti.

Ospitalario Non ci è gelosia tra loro o dolore a chi non sia fatto generatore o quel che ambisce?

Genovese Signor no, perché a nullo manca il necessario loro quanto al gusto; e la generazione è osservata religiosamente per ben publico, non privato, ed è bisogno stare al detto dell'offiziali. Platone disse che si dovean gabbare li pretendenti a belle donne immeritamente, con far uscir la sorte destramente secondo il merito; il che qui non bisogna far con inganno di ballotte per contentarsi delle brutte i brutti, perché tra loro non ci è bruttezza; ché, esercitandosi esse donne, diventano di color vivo e di membra forti e grandi, e nella gagliardia e vivezza e grandezza consiste la beltà appresso a loro. Però è pena della vita imbellettarsi la faccia, o portar pianelle, o vesti con le code per coprir i piedi di legno, ma non averiano commodità manco di far questo, perché chi ci li daria? E dicono che questo abuso in noi viene dall'ozio delle donne, che le fa scolorite e fiacche e piccole; e però han bisogno di colori ed alte pianelle, e di farsi belle per tenerezza, e cosí guastano la propria complessione e della prole. Di piú, s'uno s'innamora di qualche donna, è lecito tra lor parlare, far versi, scherzi, imprese di fiori e di piante. Ma se si guasta la generazione, in nullo modo si dispensa tra loro il coito, se non quando ella è pregna o sterile. Però non si conosce tra loro se non amor d'amicizia per lo piú, non di concupiscenza ardente.

Forte, Astuto, Vincitore, Magno, Massimo oppure, dal nome
10 del nemico che hanno sconfitto, Africano, Asiatico, Tosca-
no; oppure Manfredi o Tortelio, a indicare che hanno supe-
rato Manfredi o Tortelio o altri ancora. Questi nomi vengo-
no dati a ognuno dai sommi capi a titolo di onorificenza, con
una corona che si addica al mestiere o all'azione meritoria e
con musica e applausi. Essi amano moltissimo questi onori,
anche perché non danno valore all'oro e all'argento se non
come materie per fare vasellame e ornamenti appartenenti
alla collettività.

Cavaliere Ma non c'è gelosia fra di loro, o dolore da parte
di chi non può procreare o diventare quello che vorrebbe?

Genovese Nossignore perché, per quel che riguarda il pia-
cere personale, non manca niente a nessuno e la procreazio-
ne non è una faccenda privata, ma un'attività di pubblica
utilità, sottoposta a regole rigide e alle decisioni degli uffi-
ciali. Platone disse che bisognava ingannare chi pretendeva
di avere una bella donna senza meritarla facendogli credere
11 che fosse la sorte ad assegnargliene una brutta. Qui non è
necessario truccare i sorteggi per far accettare delle donne
brutte a degli uomini brutti, perché tra i Solari non esiste
bruttezza: infatti le donne divengono forti, robuste e di car-
nagione colorita grazie all'attività fisica e qui la bellezza si
misura in termini di forza, grandezza e coraggio. Inoltre è
proibito, pena la morte, imbellettarsi il viso, indossare pan-
tofole o portare vesti lunghe per coprire scarpe con i tacchi
alti. D'altra parte non hanno neppure la possibilità di con-
travvenire a codeste proibizioni: infatti, chi gli darebbe que-
ste cose? A loro parere tutte queste aberrazioni, nella nostra
società, sono causate dall'ozio delle donne le quali diventa-
no deboli, pallide e piccole e dunque hanno bisogno di truc-
chi e di scarpe alte per conquistare gli uomini; così facendo
però rovinano il proprio fisico e quello dei loro figli. Fra i
Solari se uno si innamora di una donna può parlarle, scher-
zare con lei, dedicarle dei versi, donarle dei fiori o delle
piante. Tuttavia se i due non sono giudicati adatti alla pro-
creazione egli non potrà congiungersi carnalmente a lei, a
meno che non sia incinta o sterile. In generale, però, fra
loro nascono amori dettati dall'amicizia e non dalla passione
ardente.

I beni materiali non sono considerati di grande valore perché
ognuno ha quello che gli abbisogna, mentre lo sono le ono-

La robba non si stima, perché ognuno ha quanto li bisogna, salvo per segno d'onore. Onde agli eroi ed eroisse la republica fa certi doni, in tavola o in feste publiche, di ghirlande o di vestimenta belle fregiate; benché tutti di bianco il giorno e nella città, ma di notte e fuor della città vestono a rosso, o di seta o di lana. Abborreno il color nero, come feccia delle cose, e però odiano i Giapponesi, amici di quello. La superbia è tenuta per gran peccato, e si punisce un atto di superbia in quel modo che l'ha commesso. Onde nullo reputa viltà lo servire in mensa, in cucina o altrove, ma lo chiamano imparare; e dicono che cosí è onore al piede caminare, come all'occhio guardare; onde chi è deputato a qualche offizio, lo fa come cosa onoratissima, e non tengono schiavi, perché essi bastano a se stessi, anzi soverchiano. Ma noi non cosí, perché in Napoli son da trecento mila anime, e non faticano cinquanta milia; e questi patiscono fatica assai e si struggono; e l'oziosi si perdono anche per l'ozio, avarizia, lascivia ed usura, e molta gente guastano tenendoli in servitú e povertà, o fandoli partecipi di lor vizi, talché manca il servizio publico, e non si può il campo, la milizia e l'arti fare, se non male e con stento. Ma tra loro, partendosi l'offizi a tutti e le arti e fatiche, non tocca faticar quattro ore il giorno per uno; sí ben tutto il resto è imparare giocando, disputando, leggendo, insegnando, caminando, e sempre con gaudio. E non s'usa gioco che si faccia sedendo, né scacchi, né dadi, né carte o simili, ma ben la palla, pallone, rollo, lotta, tirar palo, dardo, archibugio.
Dicono ancora che la povertà grande fa gli uomini vili, astuti, ladri, insidiosi, fuorasciti, bugiardi, testimoni falsi; e le ricchezze insolenti, superbi, ignoranti, traditori, disamorati, presumitori di quel che non sanno. Però la communità tutti li fa ricchi e poveri: ricchi, ch'ogni cosa hanno e possedono; poveri, perché non s'attaccano a servire alle cose, ma ogni cosa serve a loro. E molto laudano in questo le religioni della cristianità e la vita dell'Apostoli.

rificenze. Per questo motivo la comunità dona ai suoi eroi ed eroine delle ghirlande fiorite o delle vesti finemente ricamate, nella mensa o in occasione di feste pubbliche. Nonostante in città, di giorno, tutti vestano di bianco, durante la notte, o fuori città, i Solari indossano vesti di colore rosso, in seta o lana. Aborriscono come la più disgustosa delle cose il colore nero ed è per questo che odiano i Giapponesi che invece lo apprezzano. La superbia è considerata un peccato grave e la si punisce conformemente alle modalità con cui è stata commessa. Per questo nessuno considera umile il lavoro in mensa, in cucina o in altri luoghi simili e tutti dicono che eseguendolo si impara. Allo stesso modo affermano che è un onore, per il piede, il camminare così come lo è per l'occhio il guardare; per cui chi è incaricato di qualche compito lo porta a termine come se per lui fosse un onore farlo. Essi non hanno schiavi perché bastano e avanzano a se stessi. Noi invece siamo diversi perché a Napoli vivono trecentomila persone e di esse solo meno di cinquantamila lavorano. Così questi si ammazzano di fatica, mentre gli oziosi si indeboliscono per il troppo riposo, per l'avarizia, per la lascivia e per l'usura, rovinando molte altre persone, che tengono in servitù e povertà, facendole partecipi dei loro vizi. In questo modo non ci sono pubblici servizi e non è possibile organizzare l'esercito, né le professioni, se non a fatica e con cattivi risultati. Tra di loro invece, essendo tutti gli incarichi, i doveri e i mestieri suddivisi tra tutta la popolazione, non si deve lavorare per più di quattro ore a testa ogni giorno. In questo modo per il resto del tempo non si fa che imparare giocando, discutendo, leggendo, insegnando, camminando e sempre con allegria. Fra di loro non esistono giochi che si facciano da seduti come scacchi, dadi, carte o cose del genere: si gioca a palla, pallone, si ruzzola, si lotta, si lancia il giavellotto, si tira con l'arco e con l'archibugio.

Sono convinti che troppa miseria renda gli uomini vigliacchi, astuti, ladri, insidiosi, fuorilegge, bugiardi e falsi testimoni mentre troppe ricchezze li rendano insolenti, superbi, ignoranti, traditori, crudeli, boriosi e saccenti. La comunanza dei beni, invece, li rende ricchi e poveri allo stesso tempo: ricchi perché utilizzano e possiedono ogni cosa; poveri perché si servono dei beni materiali senza divenirne servi. A questo proposito ammirano molto le religioni della cristianità e la vita degli Apostoli.

Ospitalario È bella cosa questa e santa; ma quella delle donne communi pare dura ed ardua. S. Clemente Romano dice che le donne pur sian communi, ma la glosa intende quanto all'ossequio, non al letto, e Tertulliano consente alla glosa; ché i Cristiani antichi tutto ebbero comune, altro che le mogli, ma queste pur furo communi nell'ossequio.

Genovese Io non so di questo; so ben che essi han l'ossequio commune delle donne e 'l letto, ma non sempre, se non per generare. E credo che si possano ingannare ancora; ma essi si difendono con Socrate, Catone, Platone ed altri. Potria stare che lasciassero quest'uso un giorno, perché nelle città soggette a loro non accomunano se non le robbe, e le donne quanto all'ossequio ed all'arti, ma non al letto; e questo l'ascrivono all'imperfezione di quelli che non han filosofato. Però vanno spiando di tutte nazioni l'usanze, e sempre migliorano; e quando sapranno le ragioni vive del cristianesimo provate con miracoli, consentiranno, perché son dolcissimi. Ma fin mo trattano naturalmente senza fede rivelata; né ponno a piú sormontare.
Di piú questo è bello, che fra loro non ci è difetto che faccia l'uomo ozioso, se non l'età decrepita, quando serve solo per consiglio. Ma chi è zoppo serve alle sentinelle con gli occhi; chi non ha occhi serve a carminar la lana e levar il pelo dal nervo delle penne per li matarazzi, chi non ha mani, ad altro esercizio; e se un membro solo ha, con quello serve nelle ville, e son governati bene, e son spie che avvisano alla republica ogni cosa.

Ospitalario Di' mo della guerra; ché poi dell'arti e vitto mi dirai, poi delle scienze, e al fine della religione.

Genovese Il Potestà tiene sotto di sé un offiziale dell'armi, un altro dell'artellaria, un delli cavalieri, un delli ingegneri; ed ognuno di questi ha sotto di sé molti capi mastri di quell'arte. Ma di piú ci sono gli atleti, che a tutti insegnano l'esercizio della guerra. Questi sono attempati, prudenti capitani, che esercitano li gioveni di dodici anni in suso all'arme; benché prima nella lotta e correre e tirar pietre erano avvezzi da mastri inferiori. Or questi l'insegnano a ferire, a guadagnar l'inimico con arte, a giocar di spada, di lancia, a saettare, a cavalcare, a seguire, a fuggire, a star nell'ordine militare.

Cavaliere Questa è una bella e santa cosa; tuttavia mi
sembra difficile accettare l'idea che le donne siano in comu-
12 ne. San Clemente Romano acconsente che le donne siano in
comune, ma il commento del papa afferma che egli si riferi-
13 sce alla conversazione, e non al letto. Anche Tertulliano si
trova d'accordo con questo commento e afferma che i primi
cristiani ebbero tutto in comune tranne le mogli, se non per
quel che riguarda la conversazione.

Genovese Di questo non sono a conoscenza, ma so che essi
condividono le donne sia nel conversare, sia a letto, ma solo
per procreare. Forse essi sbagliano comportandosi così, tutta-
14 via si difendono citando Socrate, Catone, Platone ed altri.
Può darsi che un giorno abbandoneranno questa usanza, poiché nelle città su cui comandano hanno messo in comune i beni materiali e condividono le donne solo per quel che riguarda il lavoro e la conversazione, ma non il letto. Essi affermano di aver preso questa decisione a causa dell'imperfezione di quelli che non hanno mai filosofato.

Comunque sono sempre molto attenti alle usanze degli altri paesi e continuano a migliorarsi; e quando verranno a conoscenza delle ragioni vive del cristianesimo provate dai miracoli acconsentiranno a seguirle, poiché sono di animo gentile. Finora però vivono in questo modo, senza la fede rivelata, e più di così, da soli, non possono migliorare.

È particolarmente gratificante sapere che tra loro non vi sono difetti tali da rendere un uomo ozioso, se non la vecchiaia, che rende capaci solo di dare consigli. Chi è zoppo usa i propri occhi per fare la sentinella; chi è cieco serve a cardare la lana o a separare la piuma dalla penna per fare materassi; chi è monco avrà un altro compito e anche chi ha un arto solo può essere utile in campagna. Essi sono ben governati ed hanno spie che avvertono la città di ogni cosa.

Cavaliere Parlami ora della guerra, poi delle loro attività, della cucina, del sapere scientifico ed infine della loro religione.

Genovese "Potenza" ha sotto di sé vari ufficiali: uno si occupa delle armi, un altro dell'artiglieria, uno della cavalleria e uno del genio militare. Questi hanno poi ai loro ordini numerosi capimastri del loro settore. Più numerosi ancora sono gli atleti i quali insegnano a tutti l'arte della guerra. Questi sono degli attempati e prudenti capitani che insegnano a combattere a chi ha più di dodici anni. Prima di questa

E le donne pure imparano queste arti sotto maestre e mastri loro, per quando fusse bisogno aiutar gli uomini nelle guerre vicine alla città; e, se venisse assalto, difendono le mura. Onde ben sanno sparar l'archibugio, far balle, gittar pietre, andar incontro. E si sforzan tôr da loro ogni timore, ed hanno gran pene quei che mostran codardia. Non temono la morte, perché tutti credono l'immortalità dell'anima, e che, morendo, s'accompagnino con li spiriti buoni o rei, secondo li meriti. Benché essi siano stati Bragmani pitagorici, non credono trasmigrazione d'anima, se non per qualche giudizio di Dio. Né s'astengono di ferir il nimico ribello della ragione, che non merita esser uomo.
Fanno la mostra ogni dui mesi, ed ogni giorno ci è l'esercizio dell'arme, o in campagna, cavalcando, o dentro, ed una lezione d'arte militare, e fanno sempre leggere l'istorie di Cesare, d'Alessandro, di Scipione e d'Annibale, e poi donano il giudizio loro quasi tutti, dicendo: «Qui fecero bene, qui male»; e poi risponde il mastro e determina.

Ospitalario Con chi fan le guerre? e per che causa, se son tanto felici?

Genovese Se mai non avessero guerra, pure s'esercitano all'arte di guerra ed alla caccia per non impoltronire e per quel che potria succedere. Di piú, vi son quattro regni nell'isola, li quali han grande invidia della felicità loro, perché li popoli desiderariano vivere come questi Solari, e vorriano star piú soggetti ad essi, che non a' propri regi. Onde spesso loro è mossa guerra, sotto color d'usurpar confini e di viver empiamente, perché non sequeno le superstizioni di Gentili, né dell'altri Bragmani; e spesso li fan guerra, come ribelli che prima erano soggetti. E con tutto questo perdono sempre.

età i bambini imparano a lottare, a correre e a tirare pietre sotto la guida dei maestri inferiori. Gli atleti, invece insegnano loro a ferire il nemico o a sottometterlo con abilità, a combattere con la spada, con la lancia o con l'arco e le frecce, a cavalcare, a inseguire o ritirarsi e ad adeguarsi alla disciplina militare. Anche le donne imparano queste arti sotto la guida dei loro maestri e maestre, affinché possano aiutare i loro uomini nell'eventualità di una guerra vicina alla città o se fosse necessario difendere le mura da un assedio. Per questo sanno sparare, fare palle, gettare pietre e andare all'assalto con destrezza. Inoltre ci si sforza di eliminare da ognuno tutte le paure e si rende dura la vita a coloro che dimostrano di essere vigliacchi. Non temono la morte, in quanto credono tutti all'immortalità dell'anima e al fatto che dopo la morte ci si unisca alle anime buone o a quelle cattive a seconda della condotta che si è tenuta in vita. Nonostante sia-
15 no stati Bramani pitagorici, non credono alla reincarnazione dell'anima se non a causa di una particolare decisione divina, né si astengono dal ferire i nemici barbari che non meritano di essere considerati esseri umani.

Ogni due mesi passano in rivista l'esercito e ogni giorno si allenano nell'uso delle armi in campagna, a cavallo, oppure in città. Poi tengono una lezione d'arte militare leggendo dei passi delle imprese di Cesare, di Alessandro, di Scipione o di
16 Annibale e ognuno esprime il suo parere dicendo: «Qui fece bene, qui fece male»; dopo di che il maestro fornisce spiegazioni e risponde alle domande.

CAVALIERE Se sono tanto felici quali motivi li spingono a combattere? E contro chi lo fanno?

GENOVESE Anche se non vi fossero mai conflitti si eserciterebbero comunque nell'arte della guerra e della caccia per non diventare pigri e per essere pronti ad ogni evenienza. Per di più, sull'isola, vi sono quattro regni i cui abitanti invidiano molto la loro felicità e, desiderando vivere come i Solari, preferirebbero essere governati da questi ultimi piuttosto che dai loro sovrani. Per questi motivi spesso gli viene mossa guerra con il pretesto che essi hanno usurpato le terre degli altri regni o che vivono empiamente poiché non hanno le
17 usanze dei Gentili o di altri Bramani. Quindi spesso gli altri popoli dichiarano guerra ai Solari come se questi fossero dei ribelli da riportare all'ordine. Nonostante ciò, gli altri perdono sempre. I Solari, non appena vengono derubati, insulta-

Or essi Solari, subito che patiscono preda, insulto o altro disonore, o son travagliati l'amici loro, o pure son chiamati d'alcune città tiranneggiate come liberatori, essi si mettono a consiglio, e prima s'inginocchiano a Dio e pregano che li faccia ben consigliarsi, poi s'esamina il merito del negozio, e cosí si bandisce la guerra. Mandano un sacerdote detto il Forense: costui dimanda a' nemici che rendano il tolto o lascino la tirannia; e se quelli negano, li bandiscono la guerra, chiamando Dio delle vendette in testimonio contra di chi ha il torto; e si quelli prolungano il negozio, non li danno tempo, si è re, piú d'un'ora, si è republica, tre ore a deliberar la risposta, per non esser burlati; e cosí si piglia la guerra se quelli son contumaci alla ragione. Ma dopo ch'è pigliata, ogni cosa esequisce il locotenente del Potestà; ed esso comanda senza consiglio d'altri; ma si è cosa di momento, domanda il Amor e 'l Sapienza e 'l Sole. Si propone in Consiglio grande, dove entra tutto il popolo di venti anni in su, e le donne ancora, e si dichiara la giustizia dell'impresa dal Predicatore, e mettono in ordine ogni cosa.
Devesi sapere ch'essi hanno tutte sorti d'arme apparecchiate nell'armari, e spesso si provano quelle in guerre finte. Han per tutti li gironi, nell'esterior muro, l'artellerie e l'artiglieri preparati e molti altri cannoni di campagna che portano in guerra, e n'han pur di legno, nonché di metallo; e cosí sopra la carra li conducono, e l'altre munizioni nelle mule, e bagaglie. E se sono in campo aperto, serrano le bagaglie in mezzo e l'artellerie, e combattono gran pezzo, e poi fan la ritirata. E 'l nemico, credendo che cedano, s'inganna; perché essi fanno ala, pigliano fiato e lasciano l'artiglierie sparare, e poi tornano alla zuffa contra nemici scompigliati. Usano far i padiglioni alla romana con steccati e fosse intorno con gran prestezza. Ci son li mastri di bagaglie, d'artellerie e dell'opere. Tutti soldati san maneggiar la zappa e le secure. Vi son cinque, otto o diece capitani di consiglio di guerra e di stratagemme, che comandano alle squadre loro secondo prima insieme si consigliarono. Soleno portar seco una squadra di fanciulli a cavallo per imparar la guerra, ed incarnarsi, come lupicini, al sangue; e nei pericoli si ritirano, e molte donne con loro. E dopo la battaglia esse donne e fanciulli fanno carezze alli guerrieri, li medicano, serveno, abbracciano e confortano; e quelli, per mostrarsi valenti alle donne e figli loro, fanno gran prove.

ti, offesi in qualche altro modo, oppure nel caso in cui vengano infastiditi i loro alleati, o se altre città chiedono il loro aiuto per liberarsi da una tirannide, si riuniscono in consiglio pregando per prima cosa il Signore che li faccia decidere saggiamente, poi esaminando la situazione ed eventualmente dichiarando guerra. Inviano ai nemici un sacerdote detto il Forense: questi domanda che sia restituito il maltolto o che finisca la tirannide. Se quelli si rifiutano viene dichiarata guerra chiamando a testimone il Dio delle Vendette perché punisca chi ha torto. Se i nemici tardano nel prendere una decisione non concedono più di un'ora, se il nemico è un monarca, o tre ore di tempo, se si tratta di una repubblica, in modo da non essere presi in giro. Se i nemici non si mostrano ragionevoli viene dichiarata guerra. Dopo l'inizio del conflitto "Potenza" assume il potere assoluto, comandando per mezzo dei suoi luogotenenti. Se tuttavia la guerra diventa lunga egli si consulta con "Amore", "Sapienza" e "Sole". Si riunisce anche il gran consiglio, composto da tutti i cittadini, uomini e donne, che abbiano compiuto i vent'anni e il Predicatore dichiara che l'impresa militare è giusta, dopo di che ci si prepara.

Bisogna sapere che essi hanno ogni genere di armi già pronte nei magazzini e che spesso le hanno già provate in finti combattimenti. Hanno già pronti, sulle mura esterne di ogni girone, artiglierie e artiglieri e possiedono anche cannoni, di legno e di metallo. Questi vengono trasportati su dei carri mentre le munizioni e i bagagli a dorso di mulo. Se si trovano a combattere in campo aperto fanno quadrato con l'artiglieria per proteggere i bagagli e combattono a lungo. Poi si ritirano e il nemico si inganna credendo che stiano per cedere poiché essi fanno ala, prendono fiato lasciando che le artiglierie sparino e poi tornano ad attaccare i nemici che nel frattempo hanno rotto le file. Sono abituati a costruire i padiglioni di guerra alla romana, con steccati e fossati tutto intorno e lo fanno con grande velocità. Ci sono addetti al trasporto dei bagagli, alle artiglierie ed alle opere militari. Tutti i soldati sanno maneggiare la zappa e la scure. Ci sono dagli otto ai dieci capitani, riuniti in un consiglio che delibera sulla guerra e sulla strategia da adottare e ognuno comanda la propria squadra seguendo le decisioni del consiglio. Di solito si portano dietro una squadra di fanciulli a cavallo in modo che si abituino, come fanno i cuccioli dei lupi, alla

Nell'assalti, chi prima saglie il muro ha dopo in onore una corona di gramigna con applauso militare delle donne e fanciulli. Chi aiuta il compagno ha la corona civica di quercia; chi uccide il tiranno, le spoglie opime, che porta al tempio, e si dona dal Sole il cognome dell'impresa.
Usano i cavalieri una lancia, due pistole avanti cavallo, di mirabil tempra, strette in bocca, che per questo passano ogni armatura, ed hanno anco lo stocco. Altri portano la mazza, e questi son gli uomini d'arme, perché, non potendo un'armatura ferrea penetrare con spada o con pistola, sempre assaltano il nemico con la mazza, come Achille contra Cigno, e lo sconquassano e gittano. Ha due catene la mazza in punta, a cui pendeno due palle, che, menando, circondano il collo del nemico, lo cingeno, tirano e gettano; e, per poterla maneggiare, non tengono briglia con mano, ma con li piedi, incrocicchiata nella sella, ed avvinchiata nell'estremo alle staffe, non alli piedi, per non impedirsi; e le staffe han di fuori la sfera e dentro il triangolo, onde il piè torcendo ne' lati, le fan girare, ché stan affibiate alli staffili, e cosí tirano a sé o allungano il freno con mirabil prestezza, e con la destra torceno a sinistra ed *a contrario*. Questo secreto manco i Tartari hanno inteso, ché stirare e torcere non sanno con le staffe. Li cavalli leggeri cominciano con li schioppi, e poi entrano l'aste e le frombole, delle quali tengono gran conto. E usano combattere per fila intessute, andando altri, ed altri ritirandosi a vicenda; e le spade sono l'ultima prova.
Ci son poi li trionfi militari ad uso di Romani, e piú belli, e le supplicazioni ringraziatorie. E si presenta al tempio il capitano, e si narrano li gesti dal poeta o istorico ch'andò con lui. E 'l Principe lo corona, ed a tutti soldati fa qualche regalo ed onore, e per molti dí sono esenti dalle fatiche publiche.

vista del sangue. Questi fanciulli, insieme con le donne, si ritirano in posizioni più sicure se si avvicina un pericolo. Dopo la battaglia le donne e i bambini accarezzano i soldati, li curano, li servono, li abbracciano e incoraggiano. Così, per dimostrarsi valorosi agli occhi delle donne e dei figli, i soldati compiono grandi imprese. Chi durante gli assalti supera per primo le mura nemiche viene decorato con una corona di gramigna ed applaudito in modo marziale dalle donne e dai fanciulli. Chi aiuta un compagno viene decorato con la corona civica di quercia. Chi uccide un tiranno ha in dono le spoglie opime, che vengono portate al tempio ove il "Sole" dà al soldato il cognome relativo alla sua impresa.

I cavalieri sono armati di una lancia, di due pistole di tempra mirabile, dall'imboccatura stretta che possono trapassare qualsiasi armatura, dotate anche di stocco. Altri, invece, sono armati di una mazza. Questi sono uomini d'arme e, non potendo trapassare un'armatura in ferro con la spada o la pistola, attaccano sempre i nemici con la mazza, come Achille
18 quando si battè con Cigno, massacrandoli e gettandoli lontano. Attaccate alla mazza ci sono due catene con attaccate due palle che, fatte roteare, si attorcigliano al collo del nemico, lo stringono, lo tirano e gettano lontano il suo corpo. Per poterle maneggiare, questi cavalieri, non tengono le briglie con le mani ma con i piedi. Le briglie si incrociano sulla sella e sono legate non ai piedi, per non impedire i movimenti del cavaliere, ma alle staffe. Queste hanno la sfera all'esterno e il triangolo all'interno per cui, girando il piede verso i lati, torcono le briglie che sono attaccate agli staffili per mezzo di una fibbia. In questo modo allungano o accorciano il freno con stupefacente velocità controllando la briglia destra con il piede sinistro e viceversa. Neanche i Tartari hanno appreso questa tecnica segreta poiché neppure loro sanno controllare il cavallo con i piedi. La prima schiera di cavalleria leggera è armata di schioppi; la seconda di lance e la terza di fionde: i Solari apprezzano molto quest'ultima arma. Combattono di solito in schiere molto compatte avvicendandosi a turni in prima linea. La retroguardia è armata di spade.

Finita la guerra organizzano dei trionfi militari uguali, se non più grandiosi, a quelli degli antichi Romani. Vi sono poi le preghiere di ringraziamento: il capitano si reca al tempio e il poeta o lo storico che l'aveva seguito racconta delle sue imprese. Allora il principe lo incorona e consegna a tutti i sol-

Ma essi l'hanno male, perché non sanno star oziosi ed aiutano gli altri. E all'incontro quei che per loro colpa han perduto, si ricevono con vituperio, e chi fu il primo a fuggire non può scampar la morte, se non quando tutto l'esercito domanda in grazia la sua vita, ed ognun piglia parte della pena. Ma poco s'ammette tal indulgenza, si non quando ci è gran ragione. Chi non aiutò l'amico o fe' atto vile, è frustato; chi fu disobediente, si mette a morire dentro un palco di bestie con un bastone in mano, e se vince i leoni e l'orsi, che è quasi impossibile, torna in grazia.
Le città superate o date a loro subito mettono ogni avere in commune, e riceveno gli offiziali solari e la guardia, e si van sempre acconciando all'uso della Città del Sole, maestra loro; e mandano li figli ad imparare in quella, senza contribuire a spese.
Saria lungo a dirti del mastro delle spie e sentinelle, degli ordini loro dentro e fuore la città, che te li puoi pensare, ché son eletti da bambini secondo l'inclinazione e costellazione vista nella genitura loro. Onde ognuno, oprando secondo la proprietà sua naturale, fa bene quell'esercizio e con piacere per esserli naturale; cosí dico delle stratagemme ed altri. La città di notte e di giorno ha le guardie nelle quattro porte e nelle mura estreme, su li torrioni e valguardi; e lo girone il dí le femine, la notte li maschi guardano; e questo lo fanno per non impoltronire e per li casi fortuiti. Han le veglie, come i nostri soldati, divise di tre in tre ore; la sera entrano in guardia.
Usano le cacce per imagini di guerra, e li giochi in piazza a cavallo ed a piede ogni festa, e poi segue la musica.

dati doni ed onorificenze, facendoli esentare per un certo periodo dai servizi che ogni cittadino deve rendere alla collettività. Ma questi non se ne rallegrano molto perché non sanno stare senza far niente, quindi tornano ad aiutare gli altri. Se invece la guerra è stata persa, appena tornano i responsabili della sconfitta, li si riceve insultandoli. Il soldato che per primo è fuggito non può salvarsi dalla condanna a morte, a meno che tutto l'esercito lo difenda e ognuno decida di scontare in prima persona parte della sua pena. Questa grazia, tuttavia, viene concessa raramente e per motivi speciali. Chi in battaglia non ha aiutato un amico e si è comportato da vigliacco viene frustato. Chi ha disobbedito viene messo in una gabbia piena di animali feroci, con un bastone come unica difesa, e se riesce a uccidere tutti quei leoni e quegli orsi, il che è quasi impossibile, ha salva la vita.
Le città conquistate o che si sono arrese mettono immediatamente in comune tutti i beni materiali, accolgono gli ufficiali e le milizie solari e, col passare del tempo, divengono più simili alla Città del Sole, loro maestra. Gli abitanti di queste città mandano i loro figli a studiare nella Città del Sole senza pagare nulla.
Sarebbe troppo lungo spiegarti tutto del capo delle spie e delle sentinelle e di come sono organizzate all'interno e all'esterno della città. Puoi immaginarteli da solo: sono scelti da bambini, a seconda degli influssi che le stelle hanno avuto sul loro carattere nel momento del concepimento. Così ognuno, comportandosi come gli viene naturale, compie bene, e con gioia, il dovere che gli è connaturato. Mi riferisco, naturalmente, anche agli strateghi e ad altri. Sia di notte sia di giorno vegliano sulla città numerose sentinelle: alle quattro porte, sulle mura esterne, sui torrioni e sui baluardi. Ogni girone è sorvegliato da donne di giorno e da uomini di notte: questa attività è organizzata perché essi non diventino pigri e in caso di eventi eccezionali. Le loro veglie sono come quelle dei nostri soldati, con turni di tre ore ciascuno. Si allenano alla guerra quando cacciano oppure nei giochi in piazza, a piedi o a cavallo, prima che cominci la musica.
Perdonano volentieri i nemici e dopo averli sconfitti li trattano con generosità. Se decidono di abbattere le mure, uccidere i capi o fare qualche altra azione che danneggia gli sconfitti, fanno tutto in un solo giorno, dopo di che li trattano con gentilezza. I Solari affermano, infatti, che i nemici van-

Perdonano volentieri a' nemici e dopo la vittoria li fanno bene. Se gettano mura o vogliono occider i capi o altro danno a' vinti, tutto fanno in un giorno, e poi li fanno bene, e dicono che non si deve far guerra se non per far gli uomini buoni, non per estinguerli. Se tra loro ci è qualche gara d'ingiuria o d'altro, perché essi non contendono se non di onore, il Principe e suoi offiziali puniscono il reo secretamente, s'incorse ad ingiuria di fatto dopo le prime ire; se di parole, aspettano in guerra a diffinirle, dicendo che l'ira si deve sfogare contra l'inimici. E chi fa poi in guerra piú atti eroici, quello è tenuto c'abbia raggione nell'onoranza, e l'altro cede. Ma nelle cose del giusto ci son le pene; però in duello di mano non ponno venire, e chi vol mostrarsi megliore, faccilo in guerra publica.

Ospitalario Bella cosa per non fomentar fazioni a roina della patria e schifar le guerre civili, onde nasce il tiranno, come fu in Roma ed Atene. Narra or, ti prego, dell'artifici loro.

Genovese Devi aver inteso come commune a tutti è l'arte militare, l'agricoltura, la pastorale; ch'ognuno è obbligato a saperle, e queste son le più nobili tra loro; ma chi più arti sa, piú nobile è, e nell'esercitarla quello è posto, che è piú atto. L'arti fatigose ed utili son di piú laude, come il ferraro, il fabricatore; e non si schifa nullo a pigliarle, tanto piú che nella natività loro si vede l'inclinazione, e tra loro, per lo compartimento delle fatiche, nullo viene a participar fatica destruttiva dell'individuo, ma solo conservativa. L'arti che sono di manco fatica son delle femine. Le speculative son di tutti, e chi piú è eccellente si fa lettore; e questo è piú onorato che nelle meccaniche, e si fa sacerdote. Saper natare è a tutti necessario, e ci sono a posta le piscine fuor delle fosse della città, e dentro vi son le fontane.

La mercatura a loro poco serve, ma però conoscono il valor delle monete, e battono moneta per l'ambasciatori loro, acciocché possano commutare con le pecunia il vitto che non ponno portare, e fanno venire d'ogni parte del mondo mercanti a loro per smaltir le cose soverchie, e non vogliono danari, se non merci di quelle cose che essi non hanno. E si ridono quando vedeno i fanciulli, che quelli donano tanta robba per poco argento, ma non li vecchi. Non vogliono che schiavi o forastieri infettino la città di mali costumi; però vendono quelli che pigliano in guerra, o li mettono a cavar

no combattuti per costringerli a divenire più buoni e non per ucciderli. Se tra di loro scoppia un qualche litigio a causa di un insulto, anche perché gli unici litigi fra i Solari sono legati a questioni d'onore, e alle parole segue la violenza, il Principe e gli ufficiali provvedono di punire il colpevole segretamente. Se invece la disputa si limita alle parole si aspetta una guerra per decidere chi ha ragione: colui che, fra i due litiganti, sarà più valoroso in guerra sarà anche riconosciuto come quello che ha ragione e l'altro dovrà rassegnarsi. Solo se si è sicuri che qualcuno abbia torto gli si infligge una pena. Non è permesso nessun duello e chi desidera farsi giustizia di un torto deve aspettare una guerra per confrontarsi con il proprio avversario.

CAVALIERE È una buona soluzione per non creare fazioni contrapposte, che sono la rovina della patria, e per evitare le guerre civili da cui nascono i tiranni, come accadde a Roma e ad Atene. Ora, per piacere, parlami delle loro arti e dei loro mestieri.

GENOVESE Come devi avere già capito tutti conoscono, perché obbligati ad impararle, l'arte della guerra, l'agricoltura e la pastorizia, che essi considerano le tre più nobili. Le persone più stimate sono quelle che conoscono il maggior numero di mestieri o di arti speculative: anche loro si dedicano a quella in cui riescono meglio. I lavori più utili e faticosi, come il fabbro o il muratore, sono quelli più stimati e a nessuno dispiace farli. Questo succede anche perché i lavori sono assegnati a seconda della disposizione che deriva dal momento della nascita e perché, per merito della suddivisione del lavoro, nessun lavoro debilita il fisico del lavoratore ma tutti lo conservano. I mestieri che richiedono poca fatica sono affidati alle donne. Le arti speculative sono esercitate da tutti e chi è più bravo diventa docente e sacerdote e viene più stimato di chi esercita i mestieri. Tutti devono saper nuotare e per questo vi sono delle piscine al di là dei fossati che circondano le prime mura. All'interno della città, invece, vi sono numerose fontane.

L'arte di mercanteggiare non è loro molto utile e tuttavia conoscono il valore delle monete e coniano moneta propria per permettere ai loro ambasciatori di comprare il cibo che non si possono portare dietro. Fanno anche venire alla città mercanti di ogni parte del mondo per sbarazzarsi delle merci in sovrappiù. Non accettano di essere pagati in denaro, ma solo

fosse o far esercizi faticosi fuor della città, dove sempre vanno quattro squadre di soldati a guardare il territorio e quelli che lavorano, uscendo dalle quattro porte, le quali hanno le strade di mattoni fin al mare per condotta delle robbe e facilità delli forastieri. Alli quali fanno gran carezze, li donano da mangiare per tre giorni, li lavano li piedi, li fan veder la città e l'ordine loro, entrare a Consiglio ed a mensa. E ci son uomini deputati a guardarli, e se voglion farsi cittadini, li provano un mese nelle ville ed uno nella città, e cosí poi risolveno, e li ricevono con certe cerimonie e giuramenti.
L'agricoltura è in gran stima: non ci è palmo di terra che non frutti. Osservano li venti e le stelle propizie, ed escono tutti in campo armati ad arare, seminare, zappare, metere, raccogliere, vindemiare, con musiche, trombe e stendardi; ed ogni cosa fanno fra pochissime ore. Hanno le carra a vela, che caminano con il vento, e quando non ci è vento, una bestia tira un gran carro, bella cosa, ed han li guardiani del territorio armati, che per li campi sempre van girando. Poco usano letame all'orti ed a' campi, dicendo che li semi diventano putridi e fan vita breve, come le donne imbellettate e non belle per esercizio fanno prole fiacca. Onde né pur la terra imbellettano, ma ben l'esercitano, ed hanno gran secreti di far nascer presto e multiplicare, e non perder seme. E tengon un libro a posta di tal esercizio, che si chiama la *Georgica*. Una parte del territorio, quanto basta, si ara; l'altra serve per pascolo delle bestie. Or questa nobil arte di far cavalli, bovi, pecore, cani ed ogni sorte d'animali domestici è in sommo pregio appresso loro, come fu in tempo antico d'Abramo; e con modi magici li fanno venire al coito, che possan ben generare, inanzi a cavalli pinti o bovi o pecore; e non lasciano andar in campagna li stalloni con le giumente, ma li donano a tempo opportuno inanzi alle stalle di campagna.

con merci di cui hanno bisogno. Ridono dei fanciulli che regalano molte cose per un po' di argento, cosa che i vecchi non fanno mai. Non vogliono che stranieri o schiavi contaminino la città con cattivi costumi, per cui vendono come schiavi i nemici catturati, oppure li portano fuori città e li costringono a scavare fosse o a fare altri lavori faticosi sorvegliati da quattro squadre di soldati che escono dalle quattro porte della città. Da queste si dipartono quattro strade pavimentate che giungono sino al mare e che servono per il trasporto delle merci e per facilitare chi vuole visitare la città. Quando arriva un visitatore i Solari lo trattano con grande benevolenza, gli donano il cibo per tre giorni, gli lavano i piedi, lo conducono a visitare la città, gli spiegano com'è organizzata e gli permettono di accedere al consiglio e alle mense. Ci sono persone incaricate di curarsi di loro e se essi desiderano diventare cittadini li si mette alla prova per tre mesi nelle campagne e per un mese nella città, dopo di che si decide. Se vengono accettati devono prestare dei giuramenti durante particolari cerimonie.
I Solari stimano molto l'agricoltura e non c'è palma di terra che non sia coltivato. Osservano quando i venti e le stelle sono propizi e poi vanno tutti insieme nei campi ad arare, seminare, zappare, mietere, raccogliere, vendemmiare con musica, squilli di tromba e bandiere. Fanno tutto con eccezionale velocità. Hanno dei carri a vela che si muovono grazie al vento e, quando non c'è vento, un grosso animale traina un gran carro, un bel veicolo. Vi sono poi i guardiani dei terreni che li sorvegliano girando sempre armati. Nei campi e negli orti utilizzano poco letame perché, dicono, i semi marcirebbero e avrebbero vita breve, così come le donne che si imbellettano, e se non sono belle per esercizio, fanno figli deboli. Per questo motivo essi non imbellettano neanche la terra, ma piuttosto la allenano. Hanno dei modi segreti per far nascere e crescere le piante senza perdere un solo seme e possiedono un libro apposito che spiega come fare, che si chiama la *Georgica*. Una parte del terreno, quanto basta, viene arata, mentre il resto è utilizzato per far pascolare le bestie. La nobile arte di allevare cavalli, buoi, pecore, cani e ogni tipo di animali domestici è apprezzata moltissimo dai Solari come lo era al tempo di Abramo. Fanno accoppiare le bestie con pratiche magiche e di fronte a dipinti di cavalli, buoi o pecore. Non permettono che gli stalloni e le giumente vada-

Osservano Sagittario in ascendente, con buono aspetto di Marte e Giove: per li bovi, Tauro, per le pecore, Ariete, secondo l'arte. Hanno poi mandre di galline sotto le Pleiadi e papare ed anatre, guidate a pascere dalle donne con gusto loro presso alla città e li luochi, dove la sera son serrate a far il cascio e latticini, butiri e simili. Molto attendono a' caponi ed a' castrati ed al frutto, e ci è un libro di quest'arte detto la *Buccolica*. Ed abbondano d'ogni cosa, perché ognuno desidera esser primo alla fatica per la docilità delli costumi e per esser poca e fruttuosa; ed ognun di loro, che è capo di questo esercizio, s'appella Re, dicendo che questo è nome loro proprio, e non di chi non sa. Gran cosa, che donne ed uomini sempre vanno in squadroni, né mai soli, e sempre all'obedienza del capo si trovano senza nullo disgusto; e ciò perché l'hanno come padre o frate maggiore.
Han poi le montagne e le cacce d'animali, e spesso s'esercitano.
La marineria è di molta reputazione, e tengono alcuni vascelli, che senza vento e senza remi caminano, ed altri con vento e remi. Intendono assai le stelle, e flussi e reflussi del mare, e navigano per conoscer genti e paesi. A nullo fan torto; senza esser stimolati non combattono. Dicono che il mondo averà da ridurcisi a vivere come essi fanno, però cercano sempre sapere se altri vivono meglio di loro. Hanno confederazione con li Chinesi, e con piú popoli isolani e del continente, di Siam e di Cancacina e Calicut, solo per spiare.
Hanno anche gran secreti di fuochi artifiziali per le guerre marine e terrestri, e stratagemme, che mai non restan di vincere.

OSPITALARIO Che e come mangiano? e quanto è lunga la vita loro?

GENOVESE Essi dicono che prima bisogna mirar la vita del tutto e poi delle parti; onde quando edificaro la città, posero i segni fissi nelli quattro angoli del mondo. Il Sole in ascendente in Leone, e Giove in Leone orientale dal Sole, e Mercurio e Venere in Cancro, ma vicini, che facean satellizio; Marte nella nona in Ariete, che mirava di sua casa con felice aspetto l'ascendente e l'afeta, e la Luna in Tauro, che mirava di buono aspetto Mercurio e Venere, e non facea aspetto quadrato al Sole. Stava Saturno entrando nella quarta, senza far malo aspetto a Marte ed al Sole. La Fortuna con il capo di Medusa in decima quasi era, onde essi s'augurano

no e si accoppino in libertà ma li fanno accoppiare a tempo debito, di fronte alle stalle di campagna. Osservano che la costellazione del Sagittario sia in ascendente, e che l'influsso di Marte e Giove sia favorevole. Per i buoi, invece, osservano la costellazione del Toro, per le pecore quella dell'Ariete e così via. Hanno poi numerose galline, le quali sono sotto l'influsso delle Pleiadi, papere e anatre. Queste sono curate dalle donne che le lasciano libere in città o in quei luoghi ove, la sera, si riuniscono per lavorare il formaggio, i latticini, il burro e cose del genere. Si prendono molta cura dei capponi, dei castrati e della nascita dei cuccioli e hanno un libro che parla di queste cose che chiamano la *Bucolica*. Hanno abbondanza di ogni cosa poiché tutti desiderano lavorare: sia perché sono buoni sia per la poca fatica e l'alto rendimento delle loro attività. Quelli che, in queste attività, comandano gli altri si fanno chiamare Re, affermando che quel titolo spetta a loro e non a chi non sa. È una bella cosa veder uomini e donne camminare insieme, mai soli, e obbedire agli ordini del loro superiore senza mai lamentarsi poiché questi lo considerano un loro padre o fratello.
Vi sono poi le montagne in cui essi esercitano spesso la caccia della selvaggina.
Apprezzano e conoscono molto bene l'arte marinara e hanno molti vascelli alcuni dei quali navigano senza bisogno di vele né remi e altri hanno vele e remi. Sanno orientarsi con le stelle, conoscono le maree e navigano per conoscere paesi e popolazioni. Non fanno mai torti a nessuno e non combattono se prima non sono attaccati. Dicono che tutti i popoli del mondo vivranno prima o poi come fanno loro, ma nonostante ciò cercano sempre di sapere se esistono popolazioni che vivono meglio. Hanno accordi con i Cinesi e con
19 altri popoli del Siam, di Cocincina, di Calcutta, di altre isole e del continente, al solo scopo di osservarne ed indagarne i modi di vita e di governo.
Hanno anche ordigni esplosivi segreti che utilizzano nelle battaglie marittime e terrestri, uscendone sempre vincitori.

CAVALIERE Che cosa mangiano e come cucinano? E quanto a lungo vivono?

GENOVESE Affermano che per prima cosa bisogna fare attenzione alla vita del tutto e poi occuparsi delle singole parti. Per questo, quando edificarono la città, la edificarono secondo uno schema che teneva conto dei quattro punti car-

signoria, fermezza e grandezza. E Mercurio, sendo in buono aspetto di Vergine e nella triplicità dell'asside suo, illuminato dalla Luna, non può esser tristo; ma, sendo gioviale, la scienza loro non mendica; poco curano d'aspettarlo in Vergine e la congiunzione.

Or essi mangiano carne, butiri, mele, cascio, dattili, erbe diverse, e prima non volean uccidere gli animali, parendo crudeltà; ma poi vedendo che era crudeltà ammazzar l'erbe, che han senso, onde bisognava morire, consideraro che le cose ignobili son fatte per le nobili, e magnano ogni cosa. Non però uccidono volentieri l'animali fruttuosi, come bovi e cavalli. Hanno però distinti li cibi utili dalli disutili, e secondo la medicina si serveno; una fiata mangiano carne, una pesce ed una erbe, e poi tornano alla carne per circolo, per non gravare né estenuare la natura. Li vecchi han cibi piú digestibili, e mangiano tre volte il giorno e poco, li fanciulli quattro, la communità due. Vivono almeno cento anni, al piú centosettanta o ducento al rarissimo. E son molto temperati nel bevere: vino non si dona a' fanciulli sino alli diciannove anni senza necessità grandissima, e bevono con acqua poi, e cosí le donne; li vecchi di cinquanta anni in su beveno senz'acqua. Mangiano, secondo la stagione dell'anno, quel che è piú utile e proprio, secondo provisto viene dal capo medico, che ha cura. Usano assai l'odori: la mattina, quando si levano, si pettinano e lavano con acqua fresca tutti; poi masticano maiorana e petroselino o menta, e se la frecano nelle mani, e li vecchi usano incenso; e fanno l'orazione brevissima a levante come il *Pater noster;* ed escono e vanno chi a servire i vecchi, chi in coro, chi ad apparecchiare le cose del commune; e poi si riducono alle prime lezioni, poi al tempio, poi escono all'esercizio, poi riposano poco, sedendo, e vanno a magnare.

dinali. Il Sole era in ascendente in Leone e Giove a sua vol-
ta in Leone, a est rispetto al Sole; Mercurio e Venere in Can-
cro, ma vicini, in modo da ricevere le influenze positive dei
loro satelliti. Marte invece era nel nono fuso, in Ariete, e la
sua posizione nei confronti dell'ascendente creava influssi
benigni. La Luna era nel Toro, in posizione benefica rispet-
20 to a Mercurio e Venere, senza fare quadrato con il Sole. Sa-
turno stava per entrare nel quarto fuso, senza però porsi in
posizione negativa rispetto a Marte e al Sole. La Fortuna, con
21 Algol, stava entrando nel decimo fuso, per cui essi si augu-
ravano signoria, grandezza e fermezza. Mercurio, essendo in
posizione positiva rispetto alla costellazione della Vergine e
22 illuminato dalla Luna nella triplicità del suo abside, non po-
teva avere effetti negativi, anzi, era benigno e dispensava
loro sapere scientifico; quindi non aspettarono la congiun-
zione astrale o che entrasse nella Vergine.

Un tempo essi non solevano uccidere gli animali perché consideravano ciò una crudeltà. In seguito, però, accorgendosi che era crudele anche uccidere i vegetali, i quali sono allo stesso modo dotati di sensibilità, si convinsero che la morte è inevitabile e decisero che le creature meno nobili devono servire a quelle più nobili. Così decisero di mangiare ogni cosa e adesso si nutrono di carne, burro, mele, formaggio e verdure. Tuttavia non uccidono volentieri gli animali utili, come buoi e cavalli. Fanno però distinzione tra cibi sani e nocivi e nella scelta seguono i consigli della medicina. Il cibo è vario e cambia in cicli di tre: prima mangiano carne, poi pesce, poi ortaggi e continuano così in modo che l'abitudine a un cibo solo non turbi i ritmi naturali. I vecchi mangiano le pietanze più digeribili tre volte al giorno e con misura, i fanciulli mangiano quattro volte al giorno e tutti gli altri due. Vivono per lo meno cent'anni e molti di loro hanno centosettant'anni. In alcuni rari casi possono raggiungere l'età di duecento anni. Bevono pochi alcolici: i ragazzi non possono bere vino sino all'età di diciannove anni, se non in circostanze di estrema necessità. Dopo quell'età lo bevono allungato con acqua, come le donne, e solo dai cinquanta anni in poi possono bere vino puro. Mangiano i cibi più adatti alle diverse stagioni dell'anno, seguendo sempre i pareri del medico specializzato. Usano molti profumi: la mattina, appena alzati, tutti si pettinano e si lavano con dell'acqua fresca. Poi masticano maggiorana, prezzemolo o menta sfregandoseli anche fra le mani; i

Tra loro non ci è podagre, né chiragre, né catarri, né sciatiche, né doglie coliche, né flati, perché questi nascono dalla distillazione ed inflazione, ed essi per l'esercizio purgano ogni flato ed umore. Onde è tenuto a vergogna che uno si vegga sputare, dicendo che questo nasce da poco esercizio, da poltroneria o da mangiar ingordo. Patiscono piú tosto d'infiammazioni e spasmi secchi alli quali con la copia del buon cibo e bagni sovvengono; ed all'etica con bagni dolci, e latticini, e star in campagne amene in bello esercizio. Morbo venereo non può allignare, perché si lavano spesso li corpi con vino ed ogli aromatici; e il sudore anche leva quell'infetto vapore, che putrefà il sangue e le midolle. Né tisici si fanno, per non esser distillazione che cali al petto, e molto meno asma, poiché umor grosso ci vuole a farla. Curano le febri ardenti con acqua fresca, e l'efimere solo con odori e brodi grassi o con dormire o con suoni ed allegrie; le terzane con levar sangue e con reubarbaro o simili attrattivi, e con bevere acque di radici d'erbe purganti ed acetose. Di rado vengono a medicina purgante. Le quartane son facili a sanare per paure súbite, per erbe simili all'umore od opposite; e mi mostraro certi secreti mirabili di quelle. Delle continue tengono conto assai, e fanno osservanza di stelle e d'erbe, e preghiere a Dio per sanarle. Quintane, ottane, settane poche si trovano, dove non ci sono umori grossi. Usano li bagni e l'olei all'usanza antica, e ci trovaro molto piú secreti per star netto, sano, gagliardo. Si forzano con questi ed altri modi aiutarsi contra il morbo sacro che ne pateno spesso.

OSPITALARIO Segno d'ingegno grande, onde Ercole, Socrate, Macometto, Scoto e Callimaco ne patiro.

vecchi utilizzano dell'incenso. Subito dopo poi pregano brevemente rivolti a est, come se recitassero un *Pater noster*. Dunque escono e si recano chi a servire gli anziani, chi a cantare, chi a occuparsi di pubblici servizi. Più tardi vanno alle lezioni del mattino, poi al tempio, poi a fare esercizi fisici, poi si siedono per riposare un poco ed infine vanno a mangiare. Tra loro non esistono né la gotta ai piedi, né quella alle mani, né formazioni di catarro, né sciatiche, né coliche, né flatulenze, poiché queste sono causate dalla formazione di liquidi e gas tossici e dal loro accumularsi all'interno del corpo. I Solari, però, con l'esercizio fisico, eliminano ogni genere di gas e liquido corporeo. Per questo motivo lo sputare è considerato cosa di cui vergognarsi perché, dicono, è causato dalla mancanza di esercizio, da pigrizia o da ingordigia. Soffrono invece di infiammazioni e spasmi secchi che curano mangiando
23 in abbondanza buon cibo e facendo dei bagni. Curano l'etica facendo bagni tiepidi, mangiando latticini e facendo esercizi nel clima salubre della campagna. Non può diffondersi alcuna malattia venerea poiché si lavano spesso con vini e oli aromatici e il sudore elimina quei vapori infetti che guastano il sangue e le ossa. Non prendono neppure la tisi, perché non c'è catarro che scenda nei polmoni, né l'asma, perché per quella deve esserci catarro denso. Curano le febbri ardenti con acqua fredda e le effimere solo con spezie e brodi grassi, oppure con il sonno, la musica o l'allegria. Per le febbri terzane praticano dei salassi, oppure somministrano rabarbaro o medicamenti simili, oppure ancora fanno bere infusi di radici di erbe depurative o acetose. Raramente utilizzano dei purganti. Le febbri quartane vengono curate per mezzo di paure improvvise, oppure mediante l'uso di erbe simili, o opposte all'umore, di cui mi mostrarono certe incredibili proprietà segrete. Si preoccupano molto delle febbri continue e, per curarle, osservano le stelle oppure usano certe erbe e pregano Dio. Le febbri quintane, ottane e settane si presentano raramente laddove non ci sono liquidi corporei densi. Si mantengono sani con bagni e unzioni, come facevano gli antichi, solamente che conoscono molti più segreti per rimanere, usandoli, puliti, sani e forti. Usano questi ed altri rimedi contro il morbo sacro, cioè l'epilessia, di cui soffrono spesso.

CAVALIERE Ciò è indice di straordinaria intelligenza, infatti ne soffrirono anche Ercole, Socrate, Maometto, Duns Scoto
24 e Callimaco.

GENOVESE E s'aiutano con preghiere al cielo e con odori e confortanti della testa e cose acide ed allegrezze e brodi grassi, sparsi di fiori di farina. Nel condir le vivande non han pari: pongono macis, mele, butiro e con aromati assai, che ti confortano grandemente. Non beveno annevato, come i Napolitani, neanche caldo, come li Chinesi, perché non han bisogno d'aiutarsi contra l'umori grossi in favor del natio calore, ma lo confortano con aglio pesto ed aceto, serpillo, menta, basilico, l'estate e nella stanchezza; né contra il soverchio calor dell'aromati aumentato, perché non escono di regola. Hanno pur un secreto di rinovar la vita ogni sette anni, senza afflizione, con bell'arte.

OSPITALARIO Non hai ancora detto delle scienze e degli offiziali.

GENOVESE Sí, ma poiché sei tanto curioso, ti dirò piú. Ogni nova luna ed ogni opposizione sua fanno Consiglio dopo il sacrifizio; e qui entrano tutti di venti anni in suso, e si dimanda ad ognuno che cosa manca alla città, e chi offiziale è buono e chi è tristo. Dopo ogn'otto dí, si congregano tutti l'offiziali, che son il Sole, Pon, Sin, Mor; ed ognun di questi ha tre offiziali sotto di sé, che son tredici, ed ognun di questi tre altri, che son tutti quaranta; e quelli han l'offizi dell'arti convenienti a loro, il Potestà della milizia, il Sapienza delle scienze, il Amore del vitto, generazione e vestito ed educazione; e li mastri d'ogni squadra, cioè caporioni, decurioni, centurioni sí delle donne come degli uomini. E si ragiona di quel che bisogna al publico, e si eleggon gli offiziali, pria nominati in Consiglio grande. Dopo ogni dí fa consiglio Sole e li tre Prencipi delle cose occorrenti, e confirmano e conciano quel che si è trattato nell'elezione e gli altri bisogni. Non usano sorti, se non quando son dubbi in modo che non sanno a qual parte pendere. Questi offiziali si mutano secondo la volontà del popolo inchina, ma li quattro primi no, se non quando essi stessi, per consiglio fatto tra loro, cedono a chi veggono saper piú di loro, ed aver piú purgato ingegno; e son tanto docili e buoni, che volentieri cedeno a chi piú sa ed imparano da quelli; ma questo è di rado assai.

Genovese Si aiutano con preghiere, essenze, sostanze acide o eccitanti. Oppure stanno allegri e mangiano brodi grassi con l'aggiunta di fior di farina. Nel condire le vivande non
25 hanno pari: utilizzano macis, mele, burro e un gran numero
di aromi che rendono il cibo molto piacevole. Non bevono
cose ghiacciate, come i Napoletani, né calde, come i Cinesi,
perché non hanno bisogno di combattere le costipazioni o
riequilibrare la temperatura corporea in quel modo. D'estate
e quando sono stanchi si confortano con aglio tritato, aceto,
26 serpillo, menta e basilico. Tuttavia non esagerano neppure
nell'utilizzo di queste piante aromatiche contro l'arsura perché sono sempre equilibrati. Hanno un sistema segreto per ringiovanire ogni sette anni senza fatica, con maestria.

Cavaliere Ancora non mi hai parlato del loro sapere scientifico, né dei loro capi.

Genovese Te ne ho già accennato ma, visto che sei così curioso, ti dirò di più. Ad ogni novilunio e plenilunio, dopo il sacrificio a Dio, convocano l'assemblea che è composta da tutti i cittadini che abbiano compiuto vent'anni e nella quale ciascuno può esporre quanto crede mancare alla repubblica e se i magistrati adempiano bene o male al loro dovere. Ogni otto giorni si riuniscono il "Sole" e i tre sommi capi che sono Pon, Sin e Mor. Ognuno ha ai suoi ordini tre ufficiali, e in tutto sono tredici. Questi ufficiali, poi, hanno a loro volta tre luogotenenti ciascuno, dunque tutta l'assemblea è composta in tutto da quaranta persone. Ognuno ha un suo compito specifico: "Potenza" si occupa dell'esercito, "Sapienza" delle scienze e "Amore" del cibo, della procreazione, del vestiario e dell'educazione. I comandanti di ogni squadra, ovvero i caporali, i decurioni e i centurioni, si occupano invece di comandare gli uomini e le donne. In queste riunioni si parla di ciò di cui ha bisogno la cittadinanza e si eleggono gli ufficiali proposti dal gran consiglio. Ogni due giorni il "Sole" si riunisce in consiglio con Pon, Sin e Mor per prendere decisioni sulle proposte dell'assemblea, su ciò che serve e sull'elezione degli ufficiali. Non fanno sorteggi, a meno che non siano profondamente indecisi sulla decisione da prendere. Tutti gli ufficiali si avvicendano per elezione popolare tranne i quattro principali che decidono essi stessi, consultandosi, di abbandonare la carica se si accorgono che c'è qualcuno più sapiente e intelligente di loro che potrebbe ricoprirla. Sono così buoni e d'animo gentile che cedono

Li capi principali delle scienze son soggetti al Sapienza, altri che il Metafisico che è esso Sole, che a tutte scienze comanda, come architetto, ed ha vergogna ignorare cosa alcuna al mondo umano. Sotto a lui sta il Grammatico, il Logico, il Fisico, il Medico, il Politico, l'Economico, il Morale, l'Astronomo, l'Astrologo, il Geometra, il Cosmografo, il Musico, il Prospettivo, l'Aritmetico, il Poeta, l'Oratore, il Pittore, il Scultore. Sotto Amore sta il Genitario, l'Educatore, il Vestiario, l'Agricola, l'Armentario, il Pastore, il Cicurario, il Gran Coquinario. Sotto Potestà il Stratagemmario, il Ferrario, l'Armario, l'Argentario, il Monetario, l'Ingegnero, Mastro spia, Mastro cavallerizzo, il Gladiatore, l'Artegliero, il Frombolario, il Giustiziero. E tutti questi han li particolari artefici soggetti.

Or qui hai da sapere che ognun è giudicato da quello dell'arte sua; talché ogni capo dell'arte è giudice, e punisce d'esilio, di frusta, di vituperio, di non mangiar in mensa commune, di non andar in chiesa, non parlar alle donne. Ma quando occorre caso ingiurioso, l'omicidio si punisce con morte, ed occhio per occhio, naso per naso si paga la pena della pariglia, quando è caso pensato. Quando è rissa subitanea, si mitiga la sentenza, ma non dal giudice, perché condanna subito secondo la legge, ma dalli tre Principi. E s'appella pure al Metafisico per grazia, non per giustizia, e quello può far la grazia. Non tengono carceri, se non per qualche ribello nemico un torrione. Non si scrive processo, ma in presenza del giudice e del Potestà si dice il pro e il contra; e subito si condanna dal giudice; e poi dal Potestà, se sappella, il sequente dí si condanna; e poi dal Sole il terzo dí si condanna, o s'aggrazia dopo molti dí con consenso del popolo. E nessuno può morire, se tutto il popolo a man commune non l'uccide; ché boia non hanno, ma tutti lo lapidano o brugiano, facendo che esso s'elegga la polvere per morir subito. E tutti piangono e pregano Dio, che plachi l'ira sua, dolendosi che sian venuti a resecare un membro infetto dal corpo della republica; e fanno di modo che esso stesso accetti la sentenza, e disputano con lui fin tanto che esso, convinto, dica che la merita; ma quando è cosa contra la libertà o contra Dio o contra gli offiziali maggiori, senza misericordia si esequisce.

volentieri il proprio posto a chi è più sapiente di loro e ne divengono discepoli. Questo tuttavia non accade spesso.
Tutti i maestri di ogni arte sono soggetti a "Sapienza", oltre che al Metafisico, che è il "Sole" e per il quale sarebbe un disonore ignorare un qualsiasi aspetto del sapere umano. "Sapienza" comanda il Grammatico, il Logico, il Fisico, il Medico, il Politologo, l'Economista, il Moralista, l'Astronomo, l'Astrologo, il Geometra, il Cosmografo, il Musicista, lo Studioso di Prospettiva, il Matematico, il Poeta, l'Oratore, il Pittore e lo Scultore. "Amore" comanda il Genetico, l'Educatore, i Sovrintendenti all'abbigliamento, all'agricoltura, agli armenti, alla pastorizia, all'allevamento degli animali domestici e il Gran Cuciniere. Agli ordini di "Potenza" ci sono lo Stratega, i Sovrintendenti alla lavorazione dei metalli nobili e non, alla costruzione delle armi e al conio delle monete, l'Ingegnere, i Comandanti delle spie, dei cavalieri, dei gladiatori, dei frombolieri, degli artiglieri e il Legislatore. Tutti questi comandano a loro volta gli artigiani, artisti e scienziati che si occupano del loro campo.
La giustizia è amministrata dal sommo maestro di ogni singola arte che può punire i colpevoli con l'esilio, la fustigazione, l'insulto pubblico, l'allontanamento dal tempio, dalle mense o dalle donne. Nel caso in cui il crimine sia grave e premeditato lo si punisce con la morte o con la legge del taglione, facendo occhio per occhio o naso per naso. Se però il crimine non è premeditato la pena è mitigata, non dal giudice, che applica subito la legge, ma da uno dei tre sommi capi. Il condannato può anche chiedere la grazia al Metafisico. Non hanno carceri se non un torrione per i nemici ribelli. Non tengono verbali dei processi ma pronunciano l'accusa e la difesa in presenza di un giudice e di "Potenza" dopo di che il giudice emette la sentenza. Se l'imputato fa ricorso in appello, la seconda sentenza viene emessa il giorno dopo da "Potenza". Tre giorni dopo il processo il Metafisico decide se condannare subito il colpevole oppure se aspettare alcuni giorni, in cui il popolo deve pronunciarsi in favore della grazia, e amnistiarlo. Poiché tra di loro non ci sono boia, le condanne a morte possono essere eseguite solo se tutto il popolo si fa giustizia, lapidando il condannato o bruciandolo. In questo caso lasciano che egli decida, se lo vuole, di essere bruciato con la polvere da sparo per soffrire meno. Poi tutti piangono e pregano Dio di placare la sua ira e si dispiacciono di es-

Questi soli si puniscono con morte; e quel che more ha da dire tutte le cause perché non deve morire, e li peccati degli altri e dell'offiziali, dicendo quelli meritano peggio; e se vince, lo mandano in esilio e purgano la città con preghiere e sacrifizi ed ammende; ma non però travagliano li nominati. Li falli di fragilità e d'ignoranza si puniscono solo con vituperi, e con farlo imparare a contenersi, e quell'arte in cui peccò, o altra, e si trattano in modo, che paion l'un membro dell'altro.

Qui è da sapere, che se un peccatore, senza aspettare accusa, va da sé all'offiziali accusandosi e dimandando ammenda, lo liberano dalla pena dell'occulto peccato e la commutano mentre non fu accusato.

Si guardano assai dalla calunnia per non patir la medesima pena. E perché sempre stanno accompagnati quasi, ci vuole cinque testimoni a convincere, se non si libera col giuramento il reo. Ma se due altre volte è accusato da dui o tre testimoni, al doppio paga le pena.

Le leggi son pochissime, tutte scritte in una tavola di rame alla porta del tempio, cioè nelle colonne, nelle quali ci son scritte tutte le quiddità delle cose in breve: che cosa è Dio, che cosa è angelo, che cosa è mondo, stella, uomo, ecc., con gran sale, e d'ogni virtú la diffinizione. E li giudici d'ogni virtú hanno la sedia in quel loco, quando giudicano, e dicono: "Ecco, tu peccasti contra questa diffinizione: leggi"; e cosí poi lo condanna o d'ingratitudine o di pigrizia o d'ignoranza; e le condanne son certe vere medicine, piú che pene, e di soavità grande.

OSPITALARIO Or dire ti bisogna delli sacerdoti e sacrifizi e credenza loro.

GENOVESE Sommo sacerdote è Sole; e tutti gli offiziali son sacerdoti, parlando delli capi, ed offizio loro è purgar le conscienze. Talché tutti si confessano a quelli, ed essi imparano che sorti di peccati regnano. E si confessano alli tre maggiori tanto li peccati propri, quanto li strani in genere, senza nominare li peccatori, e li tre poi si confessano al Sole. Il quale conosce che sorti di errori corrono e sovviene alli bisogni della città e fa a Dio sacrifizio ed orazioni, a cui esso confessa li peccati suoi e di tutto il popolo publicamente in su l'altare, ogni volta che sia necessario per amendarli, senza nominar alcuno. E cosí assolve il popolo, ammonendo che si guardi in quelli errori, e confessa i suoi in publico e poi fa

sere stati costretti a eliminare un elemento guasto della società. Fanno in modo che il condannato stesso accetti la sentenza e discutono con lui sino a che non acconsente. Se però il suo crimine è stato contro la libertà, contro Dio o contro un alto ufficiale eseguono la sentenza senza misericordia.
Solo questi crimini sono puniti con la morte. Il condannato a morte è libero di opporsi alla condanna e persino di accusare gli ufficiali di essere più colpevoli di lui. Se egli vince la disputa viene mandato in esilio e la città viene purificata con preghiere, sacrifici e penitenze. Quelli che erano stati accusati da lui, però, non vengono puniti. Puniscono le mancanze che nascono da debolezza e da ignoranza insultando pubblicamente il colpevole o insegnandogli come comportarsi per non sbagliare in futuro e lo fanno con tutto l'affetto di una famiglia unita. Bisogna sapere che se un colpevole si presenta di sua volontà ai tutori della legge, senza attendere di essere accusato, e domanda perdono, la punizione viene resa meno severa.
Stanno molto attenti a non calunniare nessuno per evitare di esserlo a loro volta. Siccome stanno sempre in compagnia, in questi casi le testimonianze a favore devono essere deposte da almeno cinque persone, a meno che il reo non si discolpi mediante giuramento. Se però questi è accusato per altre due volte da almeno tre testimoni deve scontare il doppio della pena.
Hanno pochissime leggi, tutte scritte su una tavola di rame posta sulle colonne all'ingresso del tempio. Su questa è scritta l'essenza di ogni cosa: che cos'è Dio, che cosa sono gli angeli, il mondo, le stelle, l'uomo e così via, con molto sapere e la definizione di tutte le virtù. Qui vi sono i seggi dei giudici di ogni virtù che, quando emettono il loro giudizio, dicono al condannato: «Tu peccasti contro questa virtù: leggi», poi lo condannano per ingratitudine, pigrizia, ignoranza. Le condanne, assegnate con grande magnanimità, sono delle medicine più che delle punizioni.

CAVALIERE Ora devi parlarmi del loro credo religioso e dei loro sacerdoti.

GENOVESE "Sole" è il loro sommo sacerdote e sono sacerdoti anche tutti gli ufficiali più importanti. Il loro compito è di purgare le coscienze. Tutti i cittadini si confessano presso di loro, cosicché si possono rendere conto di quali siano i peccati più diffusi. Poi essi si fanno confessare dai tre sommi capi

sacrifizio a Dio, che voglia assolvere tutta la città ed ammaestrarla e difenderla. Il sacrifizio è questo, che dimanda al popolo chi si vol sacrificare per li suoi membri, e cosí un di quelli piú buoni si sacrifica. E 'l sacerdote lo pone sopra una tavola, che è tenuta da quattro funi, che stanno a quattro girelle della cupola, e, fatta l'orazione a Dio che riceva quel sacrifizio nobile e voluntario umano (non di bestie involuntarie, come fanno i Gentili), fa tirar le funi; e questo saglie in alto alla cupoletta e qui si mette in orazione; e li si dà da magnare parcamente, sino a tanto che la città è espiata. Ed esso con orazioni e digiuni prega Dio, che riceva il pronto sacrifizio suo; e cosí, dopo venti o trenta giorni, placata l'ira di Dio, torna a basso per le parti di fuore o si fa sacerdote; e questo è sempre onorato e ben voluto, perché esso si dà per morto, ma Dio non vuol che mora.

Di piú vi stanno ventiquattro sacerdoti sopra il tempio, li quali a mezzanotte, a mezzodí, la mattina e la sera cantano alcuni salmi a Dio; e l'offizio loro è di guardar le stelle e notare con astrolabi tutti li movimenti loro e gli effetti che producono, onde sanno in che paese che mutazione è stata e ha da essere. E questi dicono l'ora della generazione e li giorni del seminare e raccogliere, e serveno come mezzani tra Dio e gli uomini; e di essi per lo piú si fanno li Soli e scriveno gran cose ed investigano scienze. Non vengono a basso, se non per mangiare; con donne non si impacciano, se non qualche volta per medicina del corpo. Va ogni dí Sole in alto e parla con loro di quel che hanno investigato sopra il benefizio della città e di tutte le nazioni del mondo. In tempio a basso sempre ha da esser uno che faccia orazione a Dio, ed ogni ora si muta, come noi facciamo le quarant'ore, e questo si dice continuo sacrifizio.

dicendo sia i loro peccati sia quelli altrui, in genere senza nominare il peccatore e, infine, i tre capi si fanno confessare dal "Sole". Questi, conoscendo gli errori commessi dai suoi concittadini, provvede alle necessità della città, fa sacrifici a Dio, prega e chiede perdono pubblicamente, sull'altare, dei peccati di tutto il suo popolo senza incolpare direttamente nessuno. In questo modo fa sí che il suo popolo venga perdonato, poi confessa pubblicamente i suoi peccati e fa un sacrificio a Dio in modo che questi perdoni, educhi e difenda la città. Il sacrificio è organizzato così: il sommo sacerdote domanda ai cittadini chi di loro desidera sacrificarsi per il bene di tutti. Così uno di quelli più buoni si sacrifica. Viene cioè posto su di una tavola a cui sono attaccate quattro funi fatte passare attraverso altrettanti anelli di metallo che stanno sulla cupola. Pronunciata l'orazione a Dio perché riceva questo sacrificio umano, nobile e volontario (e non di animali non consenzienti, come si usa presso i Gentili), il sacerdote fa tirare le funi in modo che la tavola si innalzi verso la cupoletta. Qui la vittima sacrificale prega e mangia parcamente sino a che i peccati della città non sono espiati. Il volontario, con digiuni e preghiere, chiede a Dio di accettare il suo sacrificio spontaneo. Dopo venti o trenta giorni, placata l'ira di Dio, egli viene riportato giù e se non è morto viene fatto sacerdote, rispettato e benvoluto da tutti poiché si era sacrificato a Dio eppure questi non aveva voluto che morisse.

In cima al tempio ci sono ventiquattro sacerdoti che cantano, la mattina, a mezzogiorno e la sera, alcuni salmi in lode a Dio. Il loro compito consiste nell'osservare le stelle ed i loro movimenti con degli astrolabi per sapere in anticipo quello che è successo o succederà nei vari paesi. Essi indicano anche i giorni propizi alla semina ed alla procreazione e fanno da tramite fra Dio e gli uomini. Scrivono molti libri, fanno molte ricerche scientifiche e generalmente il "Sole" è scelto fra di loro. Non si recano mai in città, se non per mangiare, e non frequentano le donne se non per i bisogni del corpo. Ogni giorno il "Sole" li raggiunge e parla con loro di ciò che hanno scoperto sul destino della città e di tutte le nazioni del mondo. Giù nel tempio deve sempre esserci qualcuno che preghi e al quale sia dato il cambio ogni ora, come quando noi facciamo le quarant'ore.

Dopo mangiato rendono grazie a Dio suonando; poi, per divertirsi, cantano le gesta di eroi cristiani, ebrei, gentili e di

Dopo mangiare si rendon grazie a Dio con musica, e poi si cantano gesti di eroi cristiani, ebrei, gentili, di tutte nazioni, per spasso e per godere. Si cantano inni d'amore e di sapienza e d'ogni virtú. Si piglia ognuno quella che piú ama, e fanno alcuni balli sotto li chiostri, bellissimi. Le donne portano li capelli lunghi, inghirlandati ed uniti in un groppo in mezzo la testa con una treccia. Gli uomini solo un cerro, un velo e berrettino. Usano cappelli in campagna, in casa berrette bianche o rosse o varie, secondo l'offizio ed arte che fanno, e gli offiziali piú grandi e pompose.
Tutte le cose loro son quattro principali, cioè quando entra il sole in Ariete, in Cancro, in Libra, in Capricorno; e fanno gran rappresentazioni belle e dotte; ed ogni congiunzione ed opposizione di luna fanno certe feste. E nelli giorni che fondaro la città e quando ebbero vittoria, fanno il medesimo con musica di voci feminine e con trombe e tamburi ed artiglierie; e li poeti cantano le laudi delli piú virtuosi. Ma chi dice bugia in laude è punito; non si può dir poeta chi finge menzogna tra loro; e questa licenza dicono che è ruina del mondo, che toglie il premio alle virtú e lo dona altrui per paura o adulazione.
Non si fa statua a nullo, se non dopo che more; ma, vivendo, si scrive nel libro delli eroi chi ha trovato arti nove e secreti d'importanza, o fatto gran benefizio in guerra o pace al publico.
Non si atterrano li corpi morti, ma si bruggiano per levar la peste e per convertirsi in fuoco, cosa tanto nobile e viva, che vien dal sole ed a lui torna, e per non restar sospetto d'idolatria. Restano pitture solo o statue di grand'uomini, e quelle mirano le donne formose, che s'applicano all'uso della razza.
L'orazioni si fan alli quattro angoli del mondo orrizontali, e la mattina prima a levante, poi a ponente, poi ad austro, poi a settentrione; la sera al riverso, prima a ponente, poi a levante, poi a settentrione, poi ad austro. E replicano solo un verso, che dimanda corpo sano e mente sana a loro ed a tutte le genti, e beatitudine, e conclude: «come par meglio a Dio». Ma l'orazione attentamente e lunga si fa in cielo; però l'altare è tondo e in croce spartito, per dove entra Sole dopo le quattro repetizioni, e prega mirando in suso. Questo lo fan per gran misterio. Le vesti pontificali son stupende di bellezza e di significato a guisa di quelle d'Aron.

tutte le nazioni. Cantano inni all'amore, alla sapienza e a tutte le virtù. Ognuno prende la donna che più ama e fanno dei bellissimi balli nei cortili. Le donne portano i capelli lunghi inghirlandati, raccolti in una treccia ed uniti in un nodo in mezzo alla testa. Gli uomini soltanto una ciocca di capelli, un velo e un berretto. In campagna indossano cappelli, mentre in casa portano dei berretti bianchi, rossi o d'altro colore a seconda del mestiere o della professione che praticano: quelli degli ufficiali sono i più grandi e vistosi.

Hanno quattro festività principali che seguono le congiun-
27 zioni astrali: fanno belle e dotte celebrazioni quando il sole
entra rispettivamente nell'Ariete, nel Cancro, nella Bilancia
e nel Capricorno. Festeggiano inoltre quei giorni in cui vi
28 sono congiunzioni o opposizioni della Luna e gli anniversari
della fondazione della città o di vittorie importanti. Festeg-
giano sempre con musiche, canti di donne, rulli di tamburi
e colpi di cannone. I poeti cantano le lodi dei più virtuosi,
ma chi mente nel tessere le lodi di qualcuno viene punito.
Chi mente, fra loro, non può aspirare all'appellativo di poe-
ta, poiché deruba i virtuosi della giusta lode per darla a chi
non la merita facendo al mondo grave danno.

Non erigono statue a nessuno sino a che non è morto, ma scrivono il nome di chi ha inventato nuove tecniche industriali, scoperto segreti scientifici importanti o servito grandemente la comunità in pace o in guerra nel libro degli eroi. I corpi dei defunti non sono sepolti ma cremati per eliminare il rischio di epidemie, per convertirsi in fuoco, elemento vivo e nobile che viene dal Sole e che a lui ritorna, e per non cadere nell'idolatria. Dei grandi uomini rimangono solo ritratti e statue, quelle contemplate dalle belle donne prima dell'accoppiamento.

Pregano ai quattro punti cardinali: la mattina si volgono prima a oriente, poi a occidente, poi a sud e infine a nord, mentre la sera fanno l'opposto e pregano prima a occidente, poi a oriente, poi a nord e poi a sud. Ripetono un solo verso che invoca la salute mentale e fisica e la beatitudine per loro e per tutte le altre genti e che si conclude con «come sembra meglio a Dio». La preghiera più lunga ed elaborata, tuttavia, si fa guardando il cielo. L'altare, che è rotondo, è diviso ad angolo retto da due vie interne che si incrociano nel mezzo; dagli ingressi di queste vie, in tutto quattro, entra il "Sole" dopo ciascuna delle quattro preghiere fatte verso i punti car-

Distinguono li tempi secondo l'anno tropico, non sidereo, ma sempre notano quanto anticipa questo di tempo. Credono che il sole cali a basso, e però facendo piú stretti circoli arriva alli tropici ed equinozi prima che l'anno passato; o vero pare arrivare, ché l'occhio, vedendolo piú basso in obliquo, lo vede prima giungere ed obliquare. Misurano li mesi con la luna e l'anno col sole; e però non accordano questo con quella fino alli dicinove anni, quando pur il capo del Drago finisce il suo corso; del che han fatto nova astronomia. Laudano Tolomeo ed ammirano Copernico, benché Aristarco e Filolao prima di lui, ma dicono che l'uno fa il conto con le pietre, l'altro con le fave, ma nullo con le stesse cose contate, e pagano il mondo con li scudi di conto, non d'oro. Però essi cercano assai sottilmente questo negozio, perché importa a saper la fabbrica del mondo, e se perirà e quando, e la sostanza delle stelle e chi ci sta dentro a loro. E credeno esser vero quel che disse Cristo delli segni delle stelle, sole e luna, li quali alli stolti non pareno veri, ma li venirà, come ladro di notte, il fin delle cose. Onde aspettano le renovazione del secolo, e forsi il fine. Dicono che è gran dubbio sapere se 'l mondo fu fatto di nulla o delle rovine d'altri mondi o del caos; ma par verisimile che sia fatto, anzi certo. Son nemici d'Aristotile, l'appellano pedante.

Onorano il sole e le stelle come cose viventi e statue di Dio e tempi celesti; ma non l'adorano, e piú onorano il sole. Nulla creatura adorano di latria, altro che Dio, e però a lui serveno solo sotto l'insegna del sole, ch'è insegna e volto di Dio, da cui viene la luce e 'l calore ed ogni altra cosa. Però l'altare è come un sole fatto, e li sacerdoti pregano Dio nel sole e nelle stelle, com'in altari, e nel cielo, come tempio; e chiamano gli angeli buoni per intercessori, che stanno nelle stelle, vive case loro, e che le bellezze sue Dio piú le mostrò in cielo e nel sole, come suo trofeo e statua.

dinali. Qui egli prega con lo sguardo non più rivolto all'oriz-
zonte, ma verso l'alto. I motivi di tale rituale sono misterio-
si. Le vesti del supremo sacerdote sono stupende, per fattura
29 e per significato, come quelle di Aron.

30 Calcolano il tempo secondo l'anno tropico, non sidereo, ma
si accorgono di quanto questa misurazione anticipi progres-
sivamente la fine degli anni. Sono convinti che il Sole si
avvicini sempre più alla Terra seguendo orbite via via più
strette, e in verità sembra che lo faccia poiché l'occhio, ve-
dendolo basso e obliquo, lo vede arrivare e inclinarsi prima.
Contano i mesi secondo il corso della Luna e gli anni secon-
do quello del Sole. Tuttavia le due cose non appaiono in sin-
tonia se non nell'arco di diciannove anni, periodo in cui
31 anche il capo del Drago esaurisce il suo ciclo; per cui hanno
elaborato un nuovo sapere astronomico.

32 Lodano Tolomeo e ammirano Copernico, anche se questi
33 fu preceduto da Aristarco e Filolao. Tuttavia affermano che
l'uno (Tolomeo) tiene il conto con le pietre e l'altro (Coper-
nico) con le fave, ma nessuno con il denaro contante, osti-
34 nandosi a pagare il mondo con monete fasulle e non con
l'oro. Essi fanno molte ricerche in questo campo poiché vo-
gliono scoprire come è fatto il mondo, se finirà e quando, di
che cosa sono fatte le stelle e cosa o chi vi è dentro. Credono
35 a quanto disse Cristo a proposito dei segni delle stelle, del
Sole e della Luna che agli stolti non sembrano veri, ma la cui
verità verrà prima o poi scoperta come il furto di un ladro not-
turno, e da lì verrà la fine. Perciò attendono il nuovo secolo e
forse la fine. Dicono che è molto difficile stabilire se il mondo
fu creato da nulla, dalla rovina di altri mondi o dal caos, ma
che sembra verosimile, anzi certo, che sia stato creato.

Non amano Aristotele, e lo chiamano pedante.

Onorano, non adorano, il Sole e le stelle come esseri viventi, statue e templi di Dio ed altari animati del cielo e onorano il Sole al di sopra di tutte. Non dedicano però a nessuno i culti riservati da Dio: lo adorano sotto la forma del Sole che rappresenta il suo simbolo e il suo volto, dal quale provengono luce, calore e ogni altra cosa. L'altare, quindi, è fatto a somiglianza del Sole e i sacerdoti pregano Dio vedendo il cielo come tempio e il Sole e le stelle come altari. Invocano gli angeli buoni, che hanno la loro viva e splendente dimora nelle stelle, ad intercedere per loro con Dio che infuse nel cielo e nel Sole la sua bellezza, come suo trofeo e simulacro.

Negano gli eccentrici ed epicicli di Tolomeo e di Copernico; affermano che sia un solo cielo, e che li pianeti da sé si movano ed alzino, quando al sole si congiungeno per la luce maggiore che riceveno; e abbassino nelle quadrature e nell'opposizioni per avvicinarsi a lui. E la luna in congiunzione ed opposizione s'alza per stare sotto il sole e ricever la luce in questi siti assai che la sublima. E per questo le stelle, benché vadano sempre di levante a ponente, nell'alzare paion gir a dietro; e cosí si veggono, perché il stellato cielo corre velocemente in ventiquattro ore, ed esse ogni dí, camminando meno, restano piú a dietro; talché, sendo passate dal cielo, paion tornare. E quando son nell'opposito del sole, piglian breve circolo per la bassezza, ché s'inchinano a pigliar luce da lui, e però caminano inante assai; e quando vanno a par delle stelle fisse, si dicon stazionari; quando piú veloci, retrogradi, secondo li volgari astrologi; e quando meno, diretti. Ma la luna, tardissima in congiunzione ed opposizione, non par tornare, ma solo avanzare inanti poco, perché il primo cielo non è tanto piú di lei veloce allora c'ha lume assai o di sopra o di sotto, onde non par retrograda, ma solo tarda indietro e veloce inanti. E cosí si vede che né epicicli, né eccentrici ci voleno a farli alzare e retrocedere. Vero è ch'in alcune parti del mondo han consenso con le cose sopracelesti, e si fermano, però diconsi alzar in eccentrico.
Del sole poi rendono la causa fisica, che nel settentrione s'alza per contrastar la terra, dove essa prese forza, mentre esso scorse nel merigge, quando fu il principio del mondo. Talché in settembre bisogna dire che sia stato fatto il mondo, come gli Ebrei e Caldei antiqui, non li moderni, escogitaro: e cosí, alzando per rifar il suo, sta piú giorni in settentrione che in austro, e per salir in eccentrico.
Tengon dui princípi fisici: il sole padre e la terra madre; e l'aere essere cielo impuro, e 'l fuoco venir dal sole, e 'l mar essere sudore della terra liquefatta dal sole e unir l'aere con la terra, come il sangue lo spirito col corpo umano; e 'l mondo esser animal grande, e noi star intra lui, come i vermi nel nostro corpo; e però noi appartenemo alla providenza di Dio, e non del mondo e delle stelle, perché rispetto a loro siamo casuali; ma rispetto a Dio, di cui essi sono stromenti, siamo antevisti e provisti; però a Dio solo avemo l'obligo di signore, di padre e di tutto.

36 Negano la teoria degli eccentrici ed epicicli di Tolomeo e Copernico. Affermano che c'è un solo cielo e che i pianeti si alzano e si spostano con forze proprie, avvicinandosi al Sole per ricevere una maggiore quantità di luce. Dicono che
37 si abbassano nelle quadrature e nelle opposizioni per avvicinarglisi. Affermano che la Luna, nelle congiunzioni ed opposizioni, si alza per stare sotto il Sole e ricevere più luce in quelle parti ove ha più piacere. Per questo motivo le stelle, nonostante vadano sempre da oriente a occidente, nel sorgere sembrano andare indietro. Si vedono così perché il cielo stellato corre velocemente nel giro di ventiquattro ore mentre loro, correndo meno ogni giorno, rimangono indietro. Così, essendo superate dal cielo, sembra che arretrino. Quando invece sono dall'altra parte del Sole descrivono un cerchio più breve poiché sono più basse e vicine al Sole per prendere più luce. In questo modo, dunque, vanno molto più avanti. Secondo gli astrologi più rozzi quando il loro movimento è uguale a quello delle stelle fisse si dicono *stazionarie*, quando è maggiore *retrograde* e quando è minore *dirette*. La Luna, invece, che è lentissima nelle congiunzioni e nelle opposizioni, non sembra andare indietro, ma solo avanzare molto lentamente, in quanto il primo cielo è solo leggermente più veloce di questa quando è molto luminosa sopra o sotto. Per questo non sembra retrograda, ma solo lenta nell'andare indietro e veloce nell'avanzare. In questo modo si capisce che non servono né eccentrici né epicicli per spiegare il moto degli astri. È vero che in alcune parti del mondo concordano con le cose sovracelesti e si fermano, e per questo si dice che si muovano in eccentrici.

38 Danno una spiegazione fisica del moto solare. Il Sole, per contrastare la Terra laddove essa prese la sua forza, s'alza a settentrione, mentre quando fu creato il mondo esso si trovava a mezzogiorno. Quindi si deve pensare che il mondo fu creato in settembre, così come dicevano gli antichi Ebrei e Caldei e non come la pensano i moderni: così, il Sole, muovendosi in modo da riconquistare ciò che ha perduto, rimane per più giorni a nord che a sud e sembra orbitare secondo un eccentrico.

Assegnano due principi fisici alle cose terrestri, e cioè il Sole padre e la Terra madre. Dicono che l'aria è una parte impura del cielo e che il fuoco deriva dal Sole. Il mare, poi, è il sudore della Terra liquefatta dal Sole e costituisce un mezzo

Tengono per cosa certa l'immortalità dell'anima, e che s'accompagni, morendo, con spiriti buoni o rei, secondo il merito. Ma li luoghi delle pene e premi non l'han per tanto certi; ma assai ragionevole pare che sia il cielo e i luochi sotterranei. Stanno anche molto curiosi di sapere se queste sono eterne o no. Di piú son certi che vi siano angeli buoni e tristi, come avviene tra gli uomini, ma quel che sarà di loro aspettano avviso dal cielo. Stanno in dubbio se ci siano altri mondi fuori di questo, ma stimano pazzia dir che non ci sia niente, perché il niente né dentro né fuori del mondo è, e Dio, infinito ente, non comporta il niente seco.
Fanno metafisici princípi delle cose l'ente, ch'è Dio, e 'l niente, ch'è il mancamento d'essere, come condizione senza cui nulla si fa: perché non se faria si fosse, dunque non era quel che si fa. Dal correre al niente nasce il male e 'l peccato; però il peccatore si dice annichilarsi e il peccato ha causa deficiente, non efficiente. La deficienza è il medesimo che mancanza, cioè o di potere o di sapere o di volere, ed in questo ultimo metteno il peccato. Perché chi può e sa ben fare, deve volere, perché la volontà nasce da loro, ma non *e contra*. Qui ti stupisci ch'adorano Dio in Trinitate, dicendo ch'è somma Possanza, da cui procede somma Sapienza, e d'essi entrambi, sommo Amore. Ma non conosceno le persone distinte e nominate al modo nostro, perché non ebbero revelazione, ma sanno ch'in Dio ci è processione e relazione di sé a sé; e cosí tutte cose compongono di possanza, sapienza ed amore, in quanto han l'essere; d'impotenza, insipienza e disamore, in quanto pendeno dal non essere. E per quelle meritano, per queste peccano, o di peccato di natura nelli primi o d'arte in tutti tre. E cosí la natura particolare pecca nel far i mostri per impotenza o ignoranza. Ma tutte queste cose son intese da Dio potentissimo, sapientissimo ed ottimo, onde in lui nullo ente pecca e fuor di lui sí; ma non si va fuor di lui, se non per noi, non per lui, perché in noi la deficienza è, in lui l'efficienza. Onde il peccare è atto di Dio, in quanto ha essere ed efficienza; ma in quanto ha non essere e deficienza, nel che consiste la quiddità d'esso peccare è in noi, ch'al non essere e disordine declinamo.

d'unione tra aria e terra, così come il sangue ne forma uno tra lo spirito e il corpo umano. Credono che il mondo sia un grande animale nel cui ventre gli uomini vivono come i vermi vivono nel nostro. Per questo noi non apparteniamo a quella provvidenza che è propria della Terra e delle stelle, ma solo a quella di Dio. Infatti rispetto ai corpi celesti siamo nati e viventi a caso, ma rispetto a Dio, del quale quelli sono strumenti, siamo stati creati con prescienza e governati dalla divina provvidenza per cui dobbiamo tutto a Dio, nostro signore e padre.

Credono all'immortalità dell'anima e che questa si congiunga, dopo la sua uscita dal corpo, con gli spiriti buoni o cattivi a seconda della condotta che si è seguita nella presente vita. Tuttavia non sono molto certi dei luoghi della beatitudine o della penitenza, pur ritenendo ragionevole l'ipotesi che siano in cielo e sottoterra. Sono anche molto curiosi di sapere se le pene ed i premi sono eterni oppure no. Sono invece convinti dell'esistenza di angeli buoni e cattivi, come succede tra gli uomini, ma credono che sia il cielo a doverli giudicare. Si domandano se vi siano altri mondi al di fuori del nostro, ma reputano pazzo chi afferma che esiste il vuoto, poiché dicono che non può esistere né fuori né dentro il mondo e che Dio, essendo infinito, elimina la possibilità che il vuoto esista.

Ammettono due principi metafisici che sono l'Ente, ovvero Dio, e il Niente, cioè il non-essere, cioè la condizione dell'essere. Infatti si fa solo quello che prima non c'era e che se già c'era non si sarebbe potuto fare. Dalla tendenza al non essere nascono il male e il peccato. Infatti si dice che il peccatore si annichilisce e che il peccato nasce da una deficienza e non da un'efficienza. Deficienza è lo stesso che mancanza, ovvero mancanza di potere, sapere o volere. Solo in quest'ultimo caso parlano di peccato, in quanto chi sa e può ben fare deve anche volerlo, nascendo la volontà dal sapere e dal potere e non questi da quella. Stupisce il fatto che adorano Dio nella Trinità, ma affermano che Egli è Somma Potenza da cui deriva la Somma Sapienza, che è comunque Dio, e che da ambedue deriva l'Amore, che è Potenza e Sapienza. Non avendo avuto alcuna rivelazione non conoscono, come noi, la distinzione fra le tre persone ed i loro nomi ma sanno che in Dio c'è procedimento e relazione propria a sé, dentro a sé e per sé. Così ogni cosa si compone di Potenza, Sapienza e

OSPITALARIO Oh, come sono arguti!

GENOVESE S'io avesse tenuto a mente, e non avesse pressa e paura, io ti sfondacaria gran cose; ma perdo la nave, se non mi parto.

OSPITALARIO Per tua fé, dimmi questo solo: che dicono del peccato d'Adamo?

GENOVESE Essi confessano che nel mondo ci sia gran corruttela, e che gli uomini si reggono follemente e non con ragione; e che i buoni pateno e i tristi reggono; benché chiamano infelicità quella loro, perché è annichilirsi il mostrarsi quel che non sei, cioè d'essere re, d'essere buono, d'essere savio, e non esser in verità. Dal che argomentano che ci sia stato gran scompiglio nelle cose umane, e stavano per dire con Platone, che li cieli prima giravano dall'occaso, là dove mo è il levante, e poi variaro. Dissero anco che può essere che governi qualche inferior Virtú, e la prima lo permetta, ma questo pur stimano pazzia. Piú pazzia è dire che prima resse Saturno bene, e poi Giove, e poi gli altri pianeti; ma confessano che l'età del mondo succedono secondo l'ordine di pianeti, e credeno che la mutanza degli assidi ogni mille anni o mille seicento variano il mondo. E questa nostra età par che sia di Mercurio, si bene le congiunzioni magne l'intravariano, e l'anomalie han gran forza fatale.

Amore, in quanto sono parte dell'essere; e di Impotenza, Ignoranza e Disamore, in quanto dipendono dal non essere. A causa dei primi tutti gli esseri hanno dei meriti ma, a causa dei secondi, peccano. Impotenza ed Ignoranza generano errori naturali, mentre tutti e tre insieme, o il solo Disamore, generano offese contro l'arte e il costume. Per questo anche una natura particolare può peccare, per impotenza o ignoranza, e produrre mostruosità. D'altra parte tutte queste cose sono conosciute in anticipo da Dio, essere potentissimo, sapientissimo ed ottimo. Nessuno può peccare in Dio; dunque chi pecca lo fa fuori di Lui. Tuttavia non è possibile andare fuori di Dio per sua volontà; quindi se lo facciamo agiamo di nostra volontà e non per suo desiderio, poiché in lui c'è solo efficienza e in noi deficienza. Il peccato, infatti, apparterrebbe a Dio se avesse in sé essere ed efficienza. Poiché, però, il peccato è contraddistinto per essenza dal non essere e dall'inefficienza non può di conseguenza essere compiuto da Dio, ma solo da noi che propendiamo verso il non essere e il disordine.

CAVALIERE Oh, come sono arguti!

GENOVESE Se me le ricordassi e se non avessi fretta e paura ti direi molte più cose, ma se non vado via subito perdo la nave.

CAVALIERE Per piacere, dimmi solamente questo: che cosa dicono del peccato originale?

GENOVESE Ammettono che nel mondo c'è grande corruzione, che gli uomini non vivono secondo principi razionali e giusti e che i buoni patiscono mentre i malvagi governano. Affermano però che in questi casi il potere causa infelicità, poiché chi pretende di essere altro da se stesso si annulla ed è questo che fa chi pretende di essere re, buono o saggio senza esserlo in realtà. Perciò affermano che deve esserci stato un grande scompiglio delle cose umane. Hanno valutato l'ipotesi di chi afferma, d'accordo con Platone, che in origine il cielo girava da occidente a oriente e che poi tutto si era capovolto. C'è anche chi crede che possa esistere qualche Entità inferiore, la cui esistenza è tollerata da Dio, ma essi considerano ciò una pazzia. Affermano poi che è pazzia ancora più grande credere che il mondo sia stato governato originariamente da Saturno, che lo avrebbe ben amministrato, poi da Giove e quindi da altri pianeti. Sono però convinti che le età del mondo si succedano secondo le posizioni dei pianeti e che il mutare dei loro absidi ogni mille o millesei-

Finalmente dicono ch'è felice il cristiano, che si contenta di credere che sia avvenuto per il peccato d'Adamo tanto scompiglio, e credono che dai padri a' figli corre il male piú della pena che della colpa. Ma dai figli al padre torna la colpa, perché trascuraro la generazione, la fecero fuor di tempo e luoco, in peccato e senza scelta di genitori, e trascuraro l'educazione, ché mal l'indottrinaro. Però essi attendeno assai a questi due punti, generazione ed educazione; e dicono che la pena e la colpa redonda alla città, tanto de' figli, quanto de' padri; però non si vedeno bene e par che il mondo si regga a caso. Ma chi mira la costruzione del mondo, l'anatomia dell'uomo(come essi fan de' condennati a morte, antomizzandoli) e delle bestie e delle piante, e gli usi delle parti e particelle loro, è forzato a confessare la providenza di Dio ad alta voce. Però si deve l'uomo molto dedicare alla vera religione, ed onorar l'autor suo; e questo non può ben fare chi non investiga l'opere sue e non attende a ben filosofare, e chi non osserva le sue leggi sante: «Quel che non vuoi per te non far ad altri, e quel che vuoi per te fa' tu il medesimo». Dal che ne segue, che se dai figli e dalle genti noi onor cercamo, alli quali poco damo, assai piú dovemo noi a Dio, da cui tutto ricevemo, in tutto siamo e per tutto. Sia sempre lodato.

OSPITALARIO Se questi, che seguon solo la legge della natura, sono tanto vicini al cristianesimo, che nulla cosa aggiunge alla legge naturale si non i sacramenti, io cavo argumento di questa relazione che la vera legge è la cristiana, e che, tolti gli abusi, sarà signora del mondo. E che però gli Spagnuoli trovano il resto del mondo, benché il primo trovatore fu il Colombo vostro genovese, per unirlo tutto ad una legge; e questi filosofi saran testimoni della verità, eletti da Dio. E vedo che noi non sappiamo quel che ci facemo, ma siamo instromenti di Dio. Quelli vanno per avarizia di danari cercando novi paesi, ma Dio intende piú alto fine. Il sole cerca strugger la terra, non far piante ed uomini; ma Dio si serve di loro in questo. Sia laudato.

cento anni causi grandi cambiamenti nell'Universo: la nostra epoca sembra essere sotto l'influenza di Mercurio, anche se vi sono delle congiunzioni planetarie indicanti grandi
39 eventi che modificano i suoi effetti e delle anomalie che influenzano il destino. Dicono che i cristiani sono felici perché possono attribuire tanti problemi al peccato originale. Tuttavia sono convinti che, più che passare veramente una colpa di padre in figlio, passi solo la punizione. Credono però che presso di noi esistano delle colpe che passano dai figli ai padri. Questi ultimi, infatti, non si premurano di ben procreare: lo fanno nel momento e nel luogo sbagliato, nel peccato e senza selezione dei genitori. In seguito, poi, trascurano l'educazione e l'istruzione dei giovani. Per questi motivi loro fanno molta attenzione a questi due punti: procreazione ed educazione. Dicono inoltre che colpe e pene, tanto dei figli quanto dei padri, ricadono sulla città. Queste colpe, nascoste, fanno sì che il mondo sia così com'è anche se sembra a molti che tutto capiti per caso. Chi però studia la composizione del mondo, l'anatomia dell'uomo (ed essi studiano tale disciplina sezionando e studiando il corpo dei condannati a morte), degli animali, delle piante e le funzioni delle loro membra e cellule deve per forza confessare ad alta voce l'esistenza della divina provvidenza. Per questo l'uomo deve dedicarsi alla vera religione e onorare il proprio creatore. Tutto ciò, però, non può farlo chi non si dedica allo studio del creato, non pratica la filosofia e non osserva le leggi divine: «Non fare ad altri quello che non vorresti fosse fatto a te e quello che vorresti fosse fatto per te fallo per gli altri». Per cui, se vogliamo essere onorati dai nostri figli e dagli altri uomini, per i quali facciamo così poco, tanto più dobbiamo rendere onore al Signore che ci ha dato tutto ciò che abbiamo. Sia sempre lodato.

CAVALIERE Se questa gente, che segue solamente la legge naturale, è così vicina al cristianesimo, che non aggiunge nulla alla legge di natura se non i sacramenti, deduco dalla tua relazione che l'unica legge è quella cristiana e che essa, eliminati gli abusi, governerà il mondo. Per questo gli Spagnoli scoprirono il resto del mondo, anche se chi vi arrivò per primo fu il tuo compatriota Colombo, per unirlo sotto un'unica legge. Questi filosofi saranno testimoni della verità per elezione divina. Capisco anche che noi non abbiamo piena consapevolezza delle nostre azioni poiché siamo stru-

Genovese Oh, se sapessi che cosa dicono per astrologia e per l'istessi profeti nostri ed ebrei e d'altre genti di questo secolo nostro, c'ha piú storia in cento anni che non ebbe il mondo in quattro mila; e piú libri si fecero in questi cento che in cinque mila; e dell'invenzioni stupende della calamita e stampe ed archibugi, gran segni dell'union del mondo; e come, stando nella triplicità quarta l'asside di Mercurio a tempo che le congiunzioni magne si faceano in Cancro, fece queste cose inventare per la Luna e Marte, che in quel segno valeno al navigar novo, novi regni e novi armi. Ma entrando l'asside di Saturno in Capricorno, e di Mercurio in Sagittario, e di Marte in Vergine, e le congiunzioni magne tornando alla triplicità prima dopo l'apparizion della stella nova in Cassiopea, sarà grande monarchia nova, e di leggi riforma e d'arti, e profeti e rinnovazione. E dicono che a' cristiani questo apporterà grand'utile; ma prima si svelle e monda, poi s'edifica e pianta.
Abbi pazienza, che ho da fare.
Questo sappi, c'han trovato l'arte del volare, che sola manca al mondo, ed aspettano un occhiale di veder le stelle occulte ed un oricchiale d'udir l'armonia delli moti di pianeti.

Ospitalario Oh! oh! oh! mi piace. Ma Cancro è segno feminile di Venere e di Luna, e che può far di bene?

Genovese Essi dicono che la femina apporta fecondità di cose in cielo, e virtú manco gagliarda rispetto a noi aver dominio. Onde si vede che in questo secolo regnaro le donne, come l'Amazoni tra la Nubbia e 'l Monopotapa, e tra gli Europei la Rossa in Turchia, la Bona in Polonia, Maria in Ongheria, Elisabetta in Inghilterra, Catarina in Francia, Margherita in Fiandra, la Bianca in Toscana, Maria in Scozia, Camilla in Roma ed Isabella in Spagna, inventrice del mondo novo. E 'l poeta di questo secolo incominciò dalle donne dicendo: «Le donne, i cavalier, l'armi e l'amori». E tutti son maledici li poeti d'ogge per Marte; e per Venere e per la Luna parlano di bardascismo e puttanesmo. E gli uomini si effeminano e si chiamano «Vossignoria»; ed in Africa, dove regna Cancro, oltre l'Amazoni, ci sono in Fez e Marocco li bordelli degli effeminati publici, e mille sporchezze.

menti del Signore. Chi cerca nuove terre lo fa per avidità di denaro ma Dio lo utilizza per un fine più importante. Il Sole cerca di distruggere la Terra e non di nutrire le piante e gli uomini, eppure Dio lo utilizza a questo scopo. Sia lodato.

Genovese Oh, se sapessi che cosa prevedono grazie al loro sapere astrologico e alle parole di profeti cristiani, ebrei e di altre religioni! Affermano che nel nostro secolo avvengono più fatti degni di storia che nei quattromila anni precedenti, che si sono scritti più libri che nei precedenti cinque millenni. Ammirano le stupende invenzioni della calamita, della stampa e della polvere da sparo, segni della prossima unione del mondo. Affermano che queste invenzioni furono rese possibili dagli influssi astrali di Marte e della Luna. Ciò avvenne quando l'abside di Mercurio
40 era nella quarta triplicità e le congiunzioni magne si verificavano sotto l'influsso della costellazione del Cancro, perché Marte e Luna, sotto questa costellazione, significano nuove navigazioni, nuovi regni e nuove armi. Inoltre quando l'abside di Saturno entrerà nel Capricorno, quella di Mercurio nel Sagittario, quella di Marte nella Vergine, dopo le prime congiunzioni magne e l'apparizione di una
41 nuova stella in Cassiopea, sorgerà una nuova monarchia a cui seguirà la riforma totale delle leggi e delle arti, dopo di che nasceranno nuovi profeti e tutto si rinnoverà. Affermano anche che tutto ciò gioverà molto ai cristiani, anche se prima di costruire bisogna abbattere e prima di seminare si ripulisce la campagna.

Abbi pazienza, che ho da fare.

Sappi questo, che hanno scoperto il modo di volare e stanno preparando strumenti ottici per vedere quelle stelle che sono invisibili a occhio nudo e apparecchi acustici per ascoltare l'armonia prodotta dal moto dei pianeti.

Cavaliere Oh, oh, oh, mi piace! Ma Cancro è segno femminile, con Venere e la Luna: che cosa può fare di positivo?

Genovese Dicono che i segni femminili apportano fecondità alle cose del cielo e dunque anche un governo meno duro alle regioni inferiori, cioè a noi. Per questo in questo secolo hanno regnato le donne, come le Amazzoni tra la Nu-
42 bia e la Monopotapa e, in Europa, Rosselana in Turchia, Bona in Polonia, Maria in Ungheria, Elisabetta in Inghilterra, Caterina in Francia, Margherita nelle Fiandre, Bianca in Toscana, Maria in Scozia, Camilla a Roma, Isabella, fautri-

Non però restò, per esser tropico segno Cancro ed esaltazion di Giove ed apogío del Sole e di Marte trigono, sí come per la Luna e Marte e Venere ha fatto la nova invenzion del mondo e la stupenda maniera di girar tutta la terra e l'imperio donnesco, e per Mercurio e Marte e Giove le stampe ed archibugi, di non far anche de leggi gran mutamento. Ché nel mondo novo e in tutte le marine d'Africa e Asia australi è entrato il cristianesimo per Giove e Sole, ed in Africa la legge del Seriffo per la Luna, e per Marte in Persia quella d'Alle, renovata dal Sofi, con mutarsi imperio in tutte quelle parti ed in Tartaria. Ma in Germania, Francia ed Inghilterra entrò l'eresia per esser esse a Marte ed alla Luna inchinate; e Spagna per Giove ed Italia per il Sole, a cui sottostanno, per Sagittario e Leone, segni loro, restaro nella bellezza della legge cristiana pura. E quante cose saran piú di mo inanzi, e quanto imparai da questi savi circa la mutazion dell'assidi de' pianeti e dell'eccentricità e solstizi ed equinozi ed obliquitati, e poli variati e confuse figure nello spazio immenso; e del simbolo c'hanno le cose nostrali con quelle di fuori del mondo; e quanto seque di mutamento dopo la congiunzion magna e l'eclissi, che sequeno dopo la congiunzion magna in Ariete e Libra, segni equinoziali, con la renovazione dell'anomalie, faran cose stupende in confirmar il decreto della congiunzion magna e mutar tutto il mondo e rinovarlo!

43 ce della scoperta del nuovo mondo, in Spagna. Il poeta del
secolo cominciò parlando di loro: «Le donne, i cavalier, l'ar-
44 me e l'amori» e tutti i poeti d'oggi sono bestemmiatori a cau-
sa di Marte mentre parlano, per colpa di Venere e della
Luna, di corruzione e volgarità. Gli uomini divengono effe-
minati e si fanno chiamare "Vossignoria". A Fez e in Maroc-
co, che sono in Africa, terra in cui regnano le Amazzoni e la
costellazione del Cancro, esistono bordelli per gli effeminati
manifesti e mille altre sconcezze.

Poiché tuttavia il Cancro è un segno tropicale, esaltazione di Giove, apogeo del Sole e di Marte trigono, non può che causare anche un grande cambiamento nelle leggi che governano le nazioni della Terra così come influenzando la Luna, Marte e Venere, ha fatto nascer una nuova visione del mondo, le scoperte sul moto della Terra e l'ascesa al potere delle donne mentre, influenzando Mercurio, Marte e Giove, ha reso possibile l'invenzione degli archibugi e della stampa.

Il Cristianesimo si è diffuso in tutti i lidi del nuovo mondo,
nell'Africa e nell'Asia australi a causa dell'influsso di Giove
e del Sole. In altre regioni dell'Africa si è propagata la legge
del Corano per influsso della Luna e, a causa di Marte, la
45 Persia ha subito la stessa sorte sotto Alì e sotto il re di Persia
quando, in questa regione del mondo e in quelle dominate
dai Tartari, sono sorti nuovi regni ed imperi.

In Germania, Francia e Inghilterra si sono sviluppati movimenti ereticali per la propensione di queste nazioni verso la Luna e Marte. La Spagna, invece, per merito di Giove, e l'Italia, per merito del Sole, rispettivamente sotto l'influsso del Sagittario e del Leone, segni di queste due nazioni, hanno conservato la bellezza della legge cristiana pura.

Quante cose succederanno e quante cose appresi da questi saggi sulle variazioni negli absidi e nell'eccentricità dei pianeti, sui solstizi e gli equinozi, sulle obliquità, sui poli variati, sulle confuse figure dello spazio siderale, sui simboli delle cose del mondo come di quelle che non gli appartengono! Appresi che dopo la congiunzione magna e l'eclissi che seguono la congiunzione magna in Ariete e Bilancia, segni equinoziali, con il rinnovarsi delle anomalie, vi saranno grandi cambiamenti, determinati appunto dalla congiunzione magna che preannuncia il rinnovamento del mondo.

Ora per piacere non mi trattenere, che ho da fare. Sai quanto sono di fretta, un'altra volta.

Ma per tua fé, non mi trattener piú, c'ho da fare. Sai come sto di pressa. Un'altra volta.

Questo si sappi, che essi tengon la libertà dell'arbitrio. E dicono che, se in quaranta ore di tormento un uomo non si lascia dire quel che si risolve tacere, manco le stelle, che inchinano con modi lontani, ponno sforzare. Ma perché nel senso soavemente fan mutanza, chi segue piú il senso che la ragione è soggetto a loro. Onde la costellazione che da Lutero cadavero cavò vapori infetti, da' Gesuini nostri che furo al suo tempo cavò odorose esalazioni di virtú, e da Fernando Cortese che promulgò il cristianesimo in Messico nel medesimo tempo.

Ma di quanto è per sequire presto nel mondo io te 'l dirò un'altra fiata.

L'eresia è opera sensuale, come dice S. Paolo, e le stelle nelli sensuali inchinano a quella, nelli razionali alla vera legge santa della prima Raggione, sempre laudanda. Amen.

OSPITALARIO Aspetta, aspetta.

GENOVESE Non posso, non posso.

Sappi ancora che credono nel libero arbitrio e dicono che se
46 in quaranta ore di torture non si riesce a far parlare un uomo
che vuole tacere, neanche le stelle, il cui influsso viene da
lontano, possono avere potere assoluto su di noi. Siccome
però le stelle causano cambiamenti negli istinti, possono in-
fluenzare chi si affida all'istinto piuttosto che alla ragione.
Per questo motivo la stessa costellazione che generò vapori
47 infetti dal cadavere di Lutero generò dai nostri gesuiti e da
48 Cortés, che a quel tempo promulgava il cristianesimo in
Messico, profumate esalazioni di virtù.
Un'altra volta ti parlerò di quello che presto accadrà nel
mondo.
49 Come dice San Paolo, l'eresia è opera degli istinti. Le stelle,
dunque, fanno propendere le persone istintive verso l'eresia
e quelle razionali verso la santa legge di Dio, che sia sempre
lodato. Amen.

CAVALIERE Aspetta, aspetta.

GENOVESE Non posso, non mi è proprio possibile.

NOTE

1 Si tratta dell'isola di Sumatra o, forse, di Cylon.

2 Seguaci della scuola di Pitagora, il filosofo-matematico greco che individuava nei numeri l'essenza delle cose.

3 Euclide: matematico greco del III secolo a.C.; Archimede: matematico nato in Sicilia nel 287 a.C.

4 La fenice era un uccello mitologico che si credeva vivesse in Arabia: ogni cinquecento anni si gettava nel fuoco e ne rinasceva. Nel cristianesimo fu assunta come simbolo della Resurrezione.

5 L'autore cita i rappresentanti di grandi religioni: l'ebraismo (Mosé), la religione dell'antico Egitto (Osiride) e quella greca (Giove, Mercurio), l'Islamismo (Maometto).

6 Caio Giulio Cesare, condottiero romano assassinato nel 44 a.C.; Alessandro Magno, re di Macedonia nato nel 356 a.C. e morto giovane dopo aver conquistato un immenso impero; Pirro (319-272 a.C.), re dell'Epiro, regione montuosa a nord della Grecia.

7 Grandi filosofi greci del V (Platone) e IV secolo a.C. (Aristotele), il cui pensiero era tradizionalmente considerato in contrapposizione.

8 Secondo la tradizione astrologica, seguita quasi certamente dal Campanella, il Sole entra nella costellazione del Cancro all'inizio dell'estate, in quella del Capricorno all'inizio dell'inverno, in quella dell'Ariete all'inizio della primavera e in quella della Bilancia all'inizio dell'autunno. Il Campanella vuol dunque dire che i Solari hanno un abito diverso per ogni stagione.

9 Gli astrologi dividevano la sfera celeste in dodici fusi, o case. La posizione di un pianeta in questo o quel fuso faceva sì che i suoi influssi fossero positivi o negativi.

10 Il Campanella fa qui riferimento a più o meno noti condottieri dell'antichità, fra cui Scipione, detto l'Africano per le sue gloriose imprese contro Cartagine, potente città sulle coste settentrionali dell'Africa.

11 L'autore spesso cita il grande filosofo greco; in questo caso il riferimento è alle affermazioni contenute nella *Repubblica*.

12 San Clemente scrisse che secondo Pitagora la comunità dei beni comprendeva anche quella delle donne, ma un'osservazione pontificia (glossa), contenuta nel *Decretum Gratiani*, precisa che il santo si riferiva alla conversazione e non ai rapporti carnali.

13 Tertulliano, scrittore cristiano vissuto tra il II e il III secolo, afferma che nelle prime comunità cristiane era tutto in comune, tranne le donne.

14 Secondo alcuni Socrate ebbe due mogli contemporaneamente: Santippe e Mirtone.

15 Sono chiamati Bramani (o Brahmani) i sacerdoti del dio Brahman, appartenenti alla più alta delle quattro caste indiane. L'utilizzo di questo termine in unione con l'aggettivo "pitagorici" (*vedi* nota 2) si spiega con il fatto che tanto gli uni quanto i discepoli di Pitagora credevano nella reincarnazione delle anime dopo la morte.

16 Scipione l'Africano sconfisse il cartaginese Annibale a Zama, durante la seconda guerra punica.

17 "Gentili" erano chiamati quei popoli antichi che non erano Ebrei e tutti quelli che, dopo la diffusione del cattolicesimo, erano rimasti pagani.

18 Cigno era figlio di Poseidone e combattè contro Achille durante la guerra di Troia. Era invulnerabile, ma Achille lo uccise strangolandolo.

19 Calcutta era un importante porto della costa sud-occidentale dell'India.

20 Il quadrato è, in questo caso, un *aspetto* astrologico. Si definisce tale la posizione dei pianeti l'uno rispetto all'altro nella fascia zodiacale. Gli aspetti presi in considerazione in astrologia sono il quadrato, ovvero quando la distanza tra due pianeti è di 90°; il sestile, quando è di 60°; il trigono, quando è di 120°; l'opposito, quando è di 180° e il congiunto, quando i due pianeti si incontrano nello stesso segno. Gli aspetti buoni sono il sestile ed il trigono; quelli cattivi il quadrato e l'opposito.

21 Stella della costellazione di Perseo, che il Campanella chiama "Capo di Medusa".

22 L'abside è il punto di distanza massima o minima di un pianeta dal Sole (o di un corpo celeste da un altro attorno a cui ruota).

23 Febbre che ha origine dall'alterazione di parti solide del corpo.

24 Giovanni Duns Scoto (1270-1308), filosofo medioevale, fu particolarmente critico nei confronti del pensiero di San Tommaso; Callimaco, poeta e filologo greco visse nel III secolo a.C.

25 Macis: membrana della noce moscata, utilizzata come condimento.

26 Il serpillo è una varietà di timo, coltivata per estrarne l'olio aromatico.

27 L'autore si riferisce ad aspetti astrologici della Luna. Due corpi celesti si dicono in congiunzione rispetto a un corpo celeste di riferimento quando l'angolo che si ottiene congiungendoli a quest'ultimo misura 180°.

28 Due corpi celesti si dicono in opposizione rispetto a un corpo celeste di riferimento quando l'angolo che si ottiene congiungendoli a quest'ultimo misura 360°, ovvero, nel caso dei pianeti rispetto alla Terra, quando si incontrano nello stesso segno.

29 Aronne, fratello maggiore di Mosè.

30 L'anno tropico si misura tenendo conto di equinozi e solstizi, mentre quello sidereo è misurato osservando l'itinerario del Sole tra le costellazioni.

31 Anticamente l'intersecazione delle orbite del Sole e della Luna era chiamata "Drago", per la sua forma simile a quella di un serpente con il corpo più grosso della testa e della coda. I due punti di intersecazione, rispettivamente corrispondenti a quando la Luna sale verso nord e a quando scende verso sud, erano chiamati capo e coda del Drago. Oggi i loro nomi sono "nodo ascendente" e "nodo discendente".

32 Tolomeo, matematico e astronomo alessandrino del II secolo d.C., è considerato il propugnatore del sistema geocentrico (centralità e fissità della Terra nell'Universo), mentre il polacco Copernico (1473-1543) ideò il sistema eliocentrico (il Sole al centro dell'Universo e la Terra orbitante attorno ad esso).

33 Aristarco da Samo, vissuto tra il IV e il III secolo a.C., veniva considerato un precursore di Copernico nella formulazione dell'ipotesi eliocentrica. Filolao di Crotone, esponente della scuola di Pitagora, vissuto nel V secolo a.C., è invece considerato precursore di Copernico in quanto elaborò un'ipotesi per cui al centro dell'Universo non ci sarebbe la Terra ma un «fuoco centrale».

34 Metafora tratta dal gioco delle carte in cui si usavano sassi o fave come *fiches*. In sostanza il Campanella accusa sia Tolomeo sia Copernico di dire le stesse cose con parole diverse (come, nonostante le fave siano diverse dai sassi, rimane uguale la somma di denaro che stanno a indicare). Secondo certa critica il Campanella considerava puramente economica, mai conoscitiva, l'efficacia degli schemi matematici usati in astronomia. Dunque due visioni profondamente differenti dell'Universo come quella tolemaica e quella copernicana potevano descrivere i fenomeni naturali con la stessa efficacia: per il Campanella insomma Copernico, muovendo la Terra, fa lo stesso calcolo che fa Tolomeo muovendo il Sole.

35 *Vedi* il Vangelo: Matteo, XXIV, 29; Marco, XIII, 24,25 e Luca, XXI, 25.

36 Eccentrici ed epicicli sono termini astronomici con cui si descrivono le orbite dei pianeti, dei satelliti e delle stelle. Per Galileo l'eccentrico è «un cerchio che ben circonda la Terra, ma non la contiene al suo centro, ma da una banda» ossia a un lato. L'epiciclo è invece «un cerchio descritto dal moto d'una stella la quale non abbracci con tal suo rivolgimento il globo terrestre». La teoria degli eccentrici ed epicicli serviva per far quadrare le misurazioni empiriche con l'ipotesi, comune a Tolomeo e Copernico, per cui le orbite dei corpi celesti dovevano essere perfettamente circolari. Questo complicato sistema fu superato da Keplero quando introdusse il concetto di orbite ellittiche.

37 Il termine "quadratura" indica, in astrologia, la formazione, tra due pianeti di un *aspetto* particolarmente significativo, generalmente nefasto, quello chiamato quadrato (*vedi* nota 20). Generalmente parlando, tuttavia, due corpi celesti si dicono in quadratura rispetto a un corpo celeste di riferimento (di solito la Terra) quando l'angolo che si ottiene congiungendoli a quest'ultimo misura 90°.

38 Secondo la cosmologia campanelliana la Terra e il Sole sono in perenne contrasto a causa delle opposte qualità: fredda e opaca la prima, caldo e luminoso il secondo. Il loro moto, dunque, dipende da una lotta che risale alla creazione dell'Universo.

39 "Anomalia" è qui un termine astrologico: indica l'angolo che il raggio congiungente un corpo celeste con il centro della sua orbita ellittica forma con l'asse maggiore dell'orbita stessa. È però opportuno ricordare che la definizione è moderna e prevede orbite ellittiche, mentre per il Campanella erano probabilmente ancora circolari.

40 Congiunzioni magne: particolari disposizioni dei pianeti che, secondo gli astrologi, indicano il verificarsi di eventi eccezionali.

41 La «nuova stella in Cassiopea» era stata scoperta nel 1572 e, studiata dall'astronomo Tycho Brahe, era stata considerata annunciatrice di eventi straordinari.

42 Monopotapa era una regione dell'Africa australe che fu esplorata da Gonzales de Sylveira della Compagnia di Gesù nel 1560, e da Francisco Barreto nel 1569.

43 Le personalità storiche femminili nominate sono la moglie di Solimano I di Turchia; Bona Sforza, moglie di Sigismondo I re di Polonia; Maria d'Asburgo, moglie di Luigi II d'Ungheria e sorella di Carlo V; la regina d'Inghilterra Elisabetta Tudor; Caterina de' Medici, moglie di Enrico II di Francia; Margherita d'Asburgo, figlia di Carlo V, reggitrice dei Paesi Bassi; Bianca Capello, moglie del granduca di Toscana Francesco I de' Medici; Maria Stuarda, regina di Scozia; Camilla Peretti, sorella del Papa Sisto V e infine Isabella di Castiglia, regina di Spagna.

44 Il «poeta del secolo» è l'Ariosto, del quale vengono citati i primi versi dell'*Orlando Furioso*.

45 Alì fu il quarto califfo degli Arabi.

46 È un richiamo alla vicenda biografica dell'autore che, fintosi pazzo per evitare la condanna a morte per eresia, dovette sopportare la tortura detta "della veglia" per ben quaranta ore.

47 Martin Lutero (1483-1546), artefice della Riforma protestante.

48 Hermán Cortés (1485-1547), conquistatore spagnolo che invase il Messico.

49 La citazione è tratta dalla *Lettera* di San Paolo *ai Galati*, V, 19-20.

Indice

Finito di stampare nel mese di luglio 2000
dalle Grafiche BUSTI S.r.l. - Colognola ai Colli (VR)